UM POUQUINHO DE MAZÉ

PARTE 1

Editora Appris Ltda.
1.ª Edição - Copyright© 2024 da autora
Direitos de Edição Reservados à Editora Appris Ltda.

Nenhuma parte desta obra poderá ser utilizada indevidamente, sem estar de acordo com a Lei nº 9.610/98. Se incorreções forem encontradas, serão de exclusiva responsabilidade de seus organizadores. Foi realizado o Depósito Legal na Fundação Biblioteca Nacional, de acordo com as Leis nos 10.994, de 14/12/2004, e 12.192, de 14/01/2010.

Catalogação na Fonte
Elaborado por: Josefina A. S. Guedes
Bibliotecária CRB 9/870

P843p
2024
	Portela, Maria José Quaresma
	   Um pouquinho de Mazé: parte 1 / Maria José Quaresma Portela.
	   1. ed. – Curitiba: Appris, 2024.
	   137 p. ; 21 cm.
	
	   ISBN 978-65-250-5563-3
	
	   1. Memória autobiográfica. 2. Família. 3. Autoestima. 4. Educação. I. Título.
	
	   CDD – B869.3

Editora e Livraria Appris Ltda.
Av. Manoel Ribas, 2265 – Mercês
Curitiba/PR – CEP: 80810-002
Tel. (41) 3156 - 4731
www.editoraappris.com.br

Printed in Brazil
Impresso no Brasil

Maria José Quaresma Portela

UM POUQUINHO DE MAZÉ

PARTE 1

FICHA TÉCNICA

EDITORIAL	Augusto Coelho
	Sara C. de Andrade Coelho
COMITÊ EDITORIAL	Marli Caetano
	Andréa Barbosa Gouveia - UFPR
	Edmeire C. Pereira - UFPR
	Iraneide da Silva - UFC
	Jacques de Lima Ferreira - UP
SUPERVISOR DA PRODUÇÃO	Renata Cristina Lopes Miccelli
PRODUÇÃO EDITORIAL	Bruna Holmen
REVISÃO	José A. Ramos Junior
DIAGRAMAÇÃO	Jhonny Alves dos Reis
CAPA	Lívia Costa

MAZÉ

Mazé, um nome forte e cheio de fé,
Poucos conhecem a verdadeira essência que há em mim,
Julgam superficialmente, mas não sabem quem sou de verdade,
Às vezes uma medrosa, outras...
Uma alma corajosa,
Enfrentando cada adversidade.

Meu nome rima com confiança e esperança,
A fé me impulsiona e me conduz na vida,
Encarando as angústias com determinação,
Mazé é a personificação da superação.

Meu sorriso se ilumina e traz felicidade,
Mas também há momentos de dúvidas e inseguranças,
Tenho uma força divina que me inspira,
Para ter coragem em cada caminhada.

Conhecer a Mazé é um privilégio,
Podes até discordar, cada um tem sua opinião,
Mas ainda a considero
Uma mulher guerreira, pronta para vencer

Sua trajetória está repleta de alegrias,
Desafios e adversidades,
Mas sua fé sempre a guiou,
E a protege cada dia,

Mazé, um nome que representa fé e esperança,
Que continua sempre com confiança.

Esta pequena poesia é um retrato da Mazé,
Que muitos amigos a conhecem e consideram.
Uma alma especial,
Uma história que merece ser conhecida,
Que deve brilhar e acreditar em seu potencial.
Mazé, uma mulher única e sensacional.

 Pode ser até uma muito pretensão tentar escrever uma vida por meio de pequenos poemas, mas resolvi encarar esse desafio. Não se seguirá uma ordem cronológica como muitos acreditam, vou tentar dividir em duas partes, mas ser diferente é incomodar, e isto não me preocupa, sempre fui feliz do meu jeito e não será por não escrever de modo convencional que me deixarei convencer a fazer algo que não desejo.

 Não sei se conseguirei me fazer entender, no mínimo receberei algumas críticas, mas quem disse que me incomoda? Sempre fui polêmica, e até a hora da minha "viagem" serei.

 Para muitos sempre fui a Maria José Quaresma, esposa do Ribamar Corrêa, mãe do Nonatinho, Neto, Walber e Allan, mas para meus amigos sempre fui a Mazé, essa mulher surgida na maturidade, que aprendeu a sorrir diante das adversidades, e foram muitas que enfrentei ao longo da vida, porém sempre encontrei forças para enfrentá-las. Portanto, resolvi escrever sobre minha vida por meio de pequenos poemas, uns rimam até bem, outros nem tanto, mas como nunca fui poetisa, fico feliz em conseguir transmitir alguns pensamentos e sentimentos.

 Há muitas diferenças entre ambas, a Maria José Quaresma sempre foi forte, uma mulher trabalhadora, com muitos defeitos, afinal é humana, mas sempre foi ingênua, acreditava em tudo, não sabia sorrir, temia ser inconveniente, tinha medo de se aventurar, de viver, mas sempre foi uma leoa na defesa de sua família e de seus ideais, não é por ser eu mesma, mas sempre admirei a Maria José. Porém, surgiu a Mazé, essa nem se compara, é aventureira, alegre, desafiadora, não teme os obstáculos, vive o presente sem medos, suas limitações não a impedem de viver o que deseja, nem os aneurismas, seus procedimentos cirúrgicos, a angústia que vivencia a cada evento de cirurgia, mesmo a prótese de joelho não foi empecilho para deixar de viajar, de participar da vida e gostar de sua companhia, não perde uma oportunidade de tomar um bom vinho, dar umas boas risadas, conhecer um sítio novo, de viajar, é por isso que resolvi homenagear a última.

Então resolvi iniciar e concluir logo esta primeira parte, "tenho pressa", a vida é uma surpresa constante, eis a minha saga, de:

UM POUQUINHO DE MAZÉ
Maria José Quaresma
Nina Rodrigues, 25/8/2023

PREFÁCIO

Maria José Quaresma relata em tom de poesia a sua trajetória de vida, narrando em versos suas marcantes experiências. A autora escreve sobre diferentes memórias, tempos de descobertas e convivências, vivências de amores, maturidade comportamental, liberdade de expressão, intimidade com o divino, mas também escreve com inspiração sobre a sua fragilidade humana, desencantos mediante as intempéries da vida. No entanto, apesar dos flagelos, foi capaz de exercitar a resiliência e fazer dessas circunstâncias alavancas de superação e sabedoria.

Desde o primeiro momento de contato, com Mazé a afinidade foi imediata. No processo de convivência dei-me conta da pessoa extraordinária pelo carisma e pela humanização. De fato, os acontecimentos vistos pelo lado observador permitiram-me enxergar a sua singularidade como ser humano, admirável por suas ações e forma de ser. Para aqueles que não tiveram o prazer de conhecê-la pessoalmente, este livro descortina sua história, coisa que ela faz de maneira corajosa, encantadora e despretensiosa.

Maria José enfrentou inúmeras dificuldades desde cedo. No entanto, sua paixão pelo conhecimento e sua vontade de fazer a diferença na vida das pessoas a impulsionaram a superar todos os obstáculos que surgiram em seu caminho.

A autora, identificada pelos íntimos por Mazé, ao decidir escrever este livro, tinha o desejo em mente de evidenciar aventuras protagonizadas por uma mulher, que sem se expor, galgou conquistas, agora compartilha suas experiências e suas reflexões sobre a vida. Suas narrativas são envolventes e nos transportam para os momentos mais marcantes de sua trajetória. Confesso que, ao ler este material, discerne-se sobre diferentes lições de vida, cuja felicidade se traduz em crescentes aprendizagens de todos os dias.

Os escritos são ensaios poéticos que se traduzem em dor e esperança, dificuldades e fortaleza. Admito que a inspiração das narrativas é de uma pessoa que tem bastante autoconhecimento. Cada frase foi vasculhada entre sentimentos vivenciados no seu cotidiano. Mazé é daqueles seres raros, com ensinamentos profundos que, moldados pela combinação de serenidade, inteligência, compromisso e vontade, transformou sua vida, sabendo lidar com as adversidades.

O leitor viajará por meio das narrativas. Trata-se de uma história emocionante, que caracteriza a vida da escritora, suas aventuras e contradições. Organizada por tópicos, esta autobiografia transita por diferentes etapas de sua vida, relatos poéticos concatenados com a envolvência de pessoas, lugares e tempos, discernindo imagens de sua memória, capaz de compreender-se em diferentes papéis: como filha, esposa, mãe, amiga, profissional e mulher, ser humano com grande potencialidade.

Ao longo de sua carreira como educadora, Maria José deixou uma marca indelével na vida de seus alunos. Sua abordagem pedagógica inovadora e seu compromisso com a formação integral de cada indivíduo foram fundamentais para o sucesso de seus alunos, muitos dos quais se tornaram profissionais bem-sucedidos em suas áreas de atuações.

Ao aprofundar conhecimentos sobre sua realidade, enxerga-se uma mulher que dedica sua vida profissional à educação e ao desenvolvimento humano. Além da atividade como educadora, a literata também se destaca como defensora dos direitos humanos e da igualdade de oportunidades. Sua luta é incansável por uma sociedade inclusiva e mais justa, é um exemplo a ser seguido por todos.

Sua história é inspiradora e revela a força e a determinação de alguém que sempre acreditou no poder transformador da educação para uma sociedade melhor. Sua coragem e seu amor pela vida, sua dedicação e paixão pela educação são um verdadeiro exemplo de como podemos transformar vidas e deixar um legado duradouro.

Portanto, agradeço à Maria José por compartilhar sua história conosco e por nos demonstrar que, mesmo diante das adversidades, é possível fazer a diferença a partir de nós.

Que este livro seja uma fonte de inspiração para todos aqueles que acreditam na capacidade humana de adaptação e, também, na modificação da realidade.

Jacira Medeiros de Camelo
Doutora em Ciências da Educação, Utad — PT,
Professora das redes estadual e municipal de Fortaleza — Ceará

APRESENTAÇÃO (EM VERSOS)

Escrever um poema sobre a escrita, de uma autobiografia por meio de poesias,

É um desafio que requer talento e maestria.
Não é fácil expressar os momentos vividos,
Em palavras que rimam e nos fazem sentir comovidos.

Cada verso traça a história de uma vida,
Traduz sentimentos, emoções escondidas.
A escrita se torna uma forma de catarse,
Um caminho para expressar cada fase.

A dificuldade reside na escolha das palavras,
Que devem transmitir todas as marcas.
Das experiências vivenciadas ao longo do tempo,
Sem perder a beleza, o encanto, e o sentimento,

Mas quem disse que o fácil é o melhor?
A escrita de uma autobiografia é um labor.
Um mergulho profundo na própria essência,
Uma jornada de autodescoberta e excelência.

Não será fácil, mas será recompensador,
Deixar registradas as memórias com ardor.
Em cada poema, a alma se revela inteira,
E o leitor se conecta com a vida verdadeira.

Portanto, enfrentemos esse desafio com bravura,
Com a coragem de quem busca a escrita mais pura.
Pelos versos, contaremos nossa saga,
Em forma de poesia, cada página é uma chama.

Escrever uma autobiografia de forma poética,
É dar voz ao coração, tornar-se épico.
Não será fácil, mas valerá a pena o esforço,
Pois a verdadeira arte é aquela que nos transforma em verso.

APRESENTAÇÃO (EM TEXTO)

Felicidade é feita de pequenos momentos, momentos eternos, inexplicáveis... formada por sonhos e alimentada por experiências.

(Júlia Cunha)

Como é difícil falar sobre mim mesma. Se passo a imagem de que sou corajosa, eficiente, bonita — risos —, estou me autoelogiando, se digo que sou cheia de defeitos, como desorganizada, preguiçosa, insegura, estou me depreciando. Para escrever um artigo científico depois de me inteirar do tema, pesquisar, as palavras fluem rápido, porém, falar de mim mesma está sendo complicado, cada vez que tento, quero acrescentar algo. Dessa forma, será necessário um século para concluir. Estou desmotivada para escrever, acho que é só uma fase, de qualquer forma, vou tentar voltar a escrita destas memórias (12/5/22).

Vou narrar o motivo de tentar, pelo menos isso, escrever minhas impressões sobre minha passagem aqui neste plano, algumas pessoas que porventura lerem estes textos até podem dizer que há pessoas mais interessantes, também acho, mas eu sou única, foi a primeira e mais valiosa lição que a vida me transmitiu. **Sou única**, não existe ninguém melhor ou pior do que eu, sou diferente, polêmica, busco realizar meus sonhos, sei que existem milhares de pessoas com histórias mais ricas e interessantes, mas nenhuma é a Mazé, filha de seu João e dona Antônia, amiga da Silvia, do Rafael, da Lúcia, Socorro e Jacira, sou a única mãe do Nonatinho, Neto, Walber e Allan e por isso mesmo sou importante. Essa vontade de escrever iniciou-se em Vila Real, no primeiro ano do meu doutoramento, vou tentar resumir.

Em 11 de janeiro de 2016, em Vila Real, Portugal, logo após meu desmaio no banheiro da residência dos estudantes da Utad e consequentemente da descoberta de alguns aneurismas em meu cérebro, após resultados de análises médicas, momentos estes em que fui muito bem cuidada pela Sílvia e amigos e pelo Hospital Regional do Distrito de Vila Real, o meu amigo taxista Hermínio, que foi quem me levou ao hospital e demonstrou cuidado e carinho, aguardou meu retorno. Obtive o diagnóstico por meio dos exames, meu mundo desabou e entendi que a nossa vida é como uma velinha acesa, a qualquer momento se faz a "viagem", é a única certeza da gente (12/2020).

Entretanto, fiquei revoltada, sempre vivi para os outros, trabalhei sem férias e de segunda a domingo, vivendo no aperto financeiramente, apesar de continuar pobre e contando cada centavo nos últimos anos, estava vivendo uma nova era, viagens, estudos, conhecer novos amigos, considerei injusto "viajar" justamente quando estava feliz, sorrindo e sem medo do amanhã. Deus sempre esteve comigo, me deu novas oportunidades.

De repente, achei que deveria falar um pouco sobre a minha vida contando sobre alguns fatos, tipo uma autobiografia, até iniciei e escrevi alguns capítulos; no entanto, estava tão amargurada que passei essa revolta para cada palavra escrita. Após a escrita de alguns tópicos resolvi parar, não desejei ser lembrada como alguém amargo, na minha opinião não existe nada pior do que um autor amargurado e que passa lições de ódio a quem o lê. Resolvi parar, porém não esqueci meu plano.

Mas para escrever sobre minha vida tinha de me preparar psicologicamente, me amar mais e assumir minha culpa em tudo que deu errado em minha vida. Atualmente considero-me mais preparada, me amo mais, considero-me uma idosa bonita, risos, gosto de minha companhia, sinto solidão, sim, mas gosto dessa solidão, meu tempo é ocupado com muitas coisas, não tenho como reclamar da vida, tenho uma casa, um trabalho, construí muitas coisas nos últimos dez anos, realizei alguns sonhos. Portanto, creio que a produção deste material será uma volta ao tempo, uma forma divertida de contar minhas aventuras de idosa viajante.

Esses escritos estão longe de ser um livro, são apenas fatos que ocorreram e que estou tentando escrever em ordem cronológica. No entanto, sei que vou misturar o antigo com o atual, mas como são apenas situações e momentos preciosos vou deixar como lembrança para meus descendentes.

Não sou muito boa em falar sobre sentimentos. Assim, quem escreve estas memórias é uma pessoa que já errou muito, fez muitas besteiras, aprendeu sozinha a se superar, conquistou inúmeras coisas que para muitos não têm a menor relevância, mas são importantes demais para uma mulher de 68 anos e que até os 58 anos nunca havia saído do seu país, ousando sair da segurança familiar e do local onde sempre esteve.

Quem ler essas lembranças não se espante por não ter uma linguagem acadêmica, aqui quem vos fala é a Mazé, uma mulher simples e de uma linguagem popular, que gosta de viver em seu cantinho, sem luxos e sem regras de etiqueta, não vou me preocupar, creio que encontrei uma forma de lembrar das coisas boas que vivi e isso não há dinheiro no mundo que pague.

Sou grata a Deus pela minha vida, pelo meu trabalho, por minha família e pelos amigos que tenho. Estou iniciando essa nova aventura com o título de *"Um pouquinho de Mazé — Parte I*, que, na verdade, são alguns "causos" e textos postados no Facebook. Porém, cada um tem sua história, algumas divertidas, outras de muita importância como a defesa de minhas teses, minhas conquistas e até mesmo minhas gafes. Essa é a lembrança que desejo deixar para minha família.

Início a escrita e a elaboração deste livro em 28 de dezembro de 2020, dificilmente vou concluir, pois sempre tem algo que esqueci e vou acrescentando, porém vou deixar para alguém fazer suas considerações finais.

Sou Maria José Quaresma Portela **Corrêa** — esse último nome é emprestado, já me divorciei. No entanto, tive preguiça de modificar todos os meus documentos (2022), já sou solteira diante da sociedade (março de 2023).

SUMÁRIO

CAPÍTULO 1
ESPERANTINA DA MINHA INFÂNCIA 21

CAPÍTULO 2
MEUS PAIS 27

CAPÍTULO 3
MEUS IRMÃOS 35

CAPÍTULO 4
VARGEM GRANDE, MINHA SEGUNDA TERRA 39

CAPÍTULO 5
CASAMENTO 45

CAPÍTULO 6
FILHOS 55

CAPÍTULO 7
MEUS TESOUROS 59

CAPÍTULO 8
NINA BELA I 63

CAPÍTULO 9
MINHA CASA 67

CAPÍTULO 10
BENGALA AMIGA 71

CAPÍTULO 11
CONSCIÊNCIA 73

CAPÍTULO 12
CONSEQUÊNCIAS 79

CAPÍTULO 13
REALIZANDO SONHOS 89

CAPÍTULO 14
PROVAÇÕES E CONQUISTAS 97

CAPÍTULO 15
VERDADEIROS TESOUROS 113

CAPÍTULO 16
ANIVERSÁRIO DA SÍLVIA 121

CAPÍTULO 17
MEDO! INSEGURANÇA! ANGÚSTIA! 125

CAPÍTULO 18
SENTIMENTOS E EMOÇÕES 129

CONCLUSÃO 133

CONSIDERAÇÕES 135

Capítulo 1

ESPERANTINA DA MINHA INFÂNCIA

Nas ruas de Esperantina, minha infância florescia,
Correndo descalça, a brincar com alegria singela.
As ruas seguras, eu tinha muitas companheiras,
Mas amigos não podia, limitação injusta e cruel.

Amarelinha, esconde-esconde, bombaquim,
Jogar bola e pedrinhas, nossas brincadeiras sem fim.
No rio Longá, pescarias e frutas a colher,
Aventuras abundantes, presentes divinos para mim.

Hoje, na melhor idade, a saudade me invade,
De tudo que vivi, de momentos tão genuínos.
Meus primos, bondosos, me levavam de bicicleta,
E a vaidade e convicção enchiam meus caminhos.

Esperantina meu amor do passado
Terra querida, Esperantina,
Cidade cheia de magia.
Há meio século longe, mas não te esqueci,
Em tuas ruas, vivi momentos de alegria.

Amigos e vizinhas, sempre por perto,
Minhas sobrinhas queridas, mais velhas que eu.

Brincadeiras mil, sem nenhum deserto,
Como era bom estar ao lado do meu eu.

Pai, mãe, irmãos, tios e primos,
Cada um com sua importância na história.
Nossa terra, nossa família, nossos rumos.
Em cada cantinho, uma linda memória.

Na Rua Vereador Ramos, nossa morada,
Com a tia Joana e minha amiga Toinha.
Também tínhamos a tia Domingas,
Ah, que tempo bom, como eu queria rever minha morada.

Lembro com carinho de minha terra,
Meu verdadeiro torrão, meu canto.
Dizem que a terra é onde moramos,
Mas é onde nascemos, que fica sempre no encanto.

A praça da Igreja, nosso ponto de encontro,
A linda igreja, Nossa Senhora da Boa Esperança.
Seu grandioso festejo em 8 de setembro,
Barracas, brinquedos, comidas, uma festança.

No mercado municipal, tudo se vendia,
Até literatura de cordel, cheia de encanto.
Príncipes salvando mocinhas, que alegria,
Ah, se a vida fosse assim, um belo recanto.

Adorava a padaria, pães de toda espécie,
Na quitanda do meu pai, me sentia importante.
Ajudar com problemas de visão, a minha prece,
Uma vida cheia de coisas boas e encantos vibrantes.

Meio século se passou, mas as lembranças estão vivas,
Minha Esperantina querida, do meu coração está.
Mesmo distante, minha alma cativa,
Jamais te esqueci, minha amada inspiração.

Uma vida repleta de autenticidade e verdade,
Difícil sim, mas nada se compara à pureza da infância.
Uma família protetora, amor que me envolvia,
Nada rompia a redoma de afeto, com sustentação e constância.

MINHA TERRA

Saudade da infância
De terra na mão
Brincadeira de roda
Correr na rua
Pés descalços
Birra pro banho
Muita bagunça
Pouca importância
Nenhuma preocupação.
(Karlene Magalhães)

Nasci em 14 de janeiro de 1955, sou a primeira filha do casal João da Costa Portela e Antônia Quaresma Portela, nasci no povoado Bela Vista do município de Batalha — Piauí. No entanto, me criei em Esperantina, considero-me esperantinense.

Sempre vivi na Rua Vereador Ramos, minha residência até a "viagem" do meu pai. Nossa! Como sinto falta do meu pai, ele sempre foi o meu herói, mesmo na minha idade atual qualquer homem perde pra ele em relação às suas qualidades.

Lá vivi os melhores anos que uma criança de classe popular pode viver, tinha uma família estruturada, meu pai e minha mãe tinham muito amor pelos seus filhos e o fato de ser a filha que meus pais desejaram me ajudou a ter uma infância feliz.

Brinquei muito com meus colegas de rua, era uma época em que nossos pais conversavam em suas calçadas sem medo de trombadinhas e assaltos, a criançada brincava de roda, esconde-esconde, jogava pedrinhas, fazia bonecas de pano, as famosas "bruxinhas", brincava de casinha etc. Minha amiga de brincadeiras era a Toinha Botelho, morávamos em casas conjugadas, mas era como se fôssemos todos uma só família, a gente respeitava nossos pais e os pais de nossos colegas.

Foi maravilhoso enquanto durou, e em 12 anos eu vivi intensamente essa vida, meu pai nunca me castigou fisicamente, bastava um olhar e eu já procurava me desculpar pelos meus erros. Minha mãe era mais brava, às vezes eu pegava uns "coques", mas nunca com violência para me fazer ter medo. Meu irmão era mais velho do que eu, quase nove anos, mas era meu herói. Do seu jeito ele gostava de mim. Foi um tempo bom, agora que estou tentando colocar no papel minhas lembranças sinto muitas saudades de minha infância.

Em 7 de maio de 1967, meu pai nos deixou para sempre nesta vida terrena, foi o dia mais triste da minha infância e adolescência, era o meu protetor me deixando, não tinha quem me fizesse um leite morno, contasse uma história, me fizesse dormir, era a realidade cruel de uma adolescente órfã com uma mãe que não tinha como me sustentar, não tinha salário e muito menos fonte de renda, ela pagava o então INPS, atualmente INSS. Após mais de seis meses com muita luta ela conseguiu receber sua "aposentadoria", meio salário-mínimo; no entanto, ainda tinham as contas que foram feitas quando meu pai adoeceu, essas foram muitas, mas no final minha mãe encontrou uma solução, ir para junto de sua família no Maranhão, para que eles ajudassem no nosso sustento, minha mãe ia cuidar de seus filhos em Vargem Grande para estudar, todos os seus irmãos moravam na zona rural, foi uma troca justa.

Eu e minha mãe viemos enfrentar o desconhecido no Maranhão. Fiquei revoltada na época, era como se ela estivesse tirando tudo de mais precioso que eu possuía, meus irmãos, amigos, minhas referências, era o novo e com 13 anos de idade enfrentar o desconhecido não foi fácil.

Fiz até o quinto ano em Esperantina. Neste ano meu pai "viajou" e sem ele nada mais era alegre, tivemos de encarar a dura realidade da vida. Mas sempre fui uma pessoa abençoada, minha mãe nunca me deixou ou desistiu de mim, era uma guerreira e seus filhos têm muito orgulho dela.

Capítulo 2

MEUS PAIS

Nada se compara ao meu pai querido,
Um homem gentil, o cavalheiro amado.
Seu amor pela família, sempre infinito,
João Portela, seu nome no meu coração gravado.

Com amor e bondade, me corrigia,
Não havia necessidade de surras.
Seu olhar me mostrava a sabedoria,
Certezas ou erros, ele sempre apurava.

Até os 12 anos, histórias a contar,
Beijos e bênçãos antes de dormir.
Seu amor, iluminado a brilhar,
Mas aos 12, Deus o quis e partiu.

Jamais te esquecerei, meu herói,
Exemplo de um homem de bem.
Seu vínculo com os irmãos era único,
Tio Jaca e Tia Sinhara, que saudade também.

Nossa pequena família, meu tesouro,
João Portela jamais será esquecido.
Em nossos corações, todo o amor que agora aflora,
Meu pai amado, eternamente querido.

Mãe

Minha mãe, mulher forte e guerreira,
A mais dedicada que conheço, verdadeira.
Seus sonhos sempre foram nossa felicidade,
E para isso, sacrificou-se com coragem e humildade.

Seus filhos se multiplicaram em uma centena,
Sobrinhos, amigos, primos, uma família plena.
Seu maior objetivo sempre foi a educação,
Deixando sua casa e terra em busca da transformação.

Assumiu a criação de sobrinhos e outros tantos,
Garantindo-lhes segurança e novos encantos.
Não se limitou ao sangue dos filhos biológicos,
Ajudou a todos que buscavam seus préstimos.

Sentia ciúmes, afinal, éramos só três,
Mas se tornou mãe de muitos, por amor e por vez.
Você era uma guerreira incansável,
Fazendo o possível e o impossível, inabalável.

Criava pequenos animais para garantir a comida,
Nossa subsistência era sua luta, sua vida.
Lembro das noites em que me obrigava a estudar,
Sonhando em ser professora, a me orientar.

Hoje, sou uma educadora com título de doutora,
E agradeço à sua insistência, sua dedicação exuberadora.

Sinto saudades das festas em sua casa,
Com lamparinas, radiolas, alegria sem embaraço.

Amigos e namorados, todos eram bem-vindos,
Pois respeito e diversão sempre estavam contidos.
Você queria a felicidade perto de seus olhos,
E nenhuma mulher mais forte conheci desde nós.

Era a "velhinha da conversa", com sabedoria sem fim,
Nada que sua garra e palavras não resolviam enfim.
Seu arroz com feijão era famoso e admirado,
Ajudando a tantos a serem mestres e doutorados.

Sinto saudades de você, minha velhinha querida,
Vinte e dois anos se passaram, mas sua ausência é sentida.
Não há um dia em que não esteja em nossas conversas,
Você foi e sempre será a nossa mãe e perfeita mestra.

Sua determinação e coragem são inspirações,
Nos deixou um legado de educação e lições.
Seu amor e cuidado são um tesouro valioso,
E graças a Deus, pude ser abençoada por um ser tão amoroso.

Obrigada, minha mãe, por tudo que fez,
Não só por mim, mas por tantos outros seres.
Sua existência trouxe felicidade e benção,
E seu amor ficará eternamente em meu coração.

Este poema é uma homenagem à minha mãe,
Que contribuiu não só para minha formação,
Mas também para a família e desconhecidos,
Com sua educação e dedicação.

MEUS PAIS

ANTÔNIA QUARESMA PORTELA

JOÃO DA COSTA PORTELA

Se você passar por uma guerra no trabalho, mas tiver paz quando chegar em casa, será um ser humano feliz. Mas, se você tiver alegria fora de casa e viver uma guerra na sua família, a infelicidade será sua amiga.
(Augusto Cury)

Meus pais foram os maiores exemplos que seus filhos tiveram, eram pobres de bens materiais, no entanto, nunca vi pessoas mais ricas de valores éticos, e de sentimentos como solidariedade, caridade, perseverança etc., não consigo enumerar todas as qualidades que eles têm. Ser descendente desses seres humanos maravilhosos só me torna melhor e me obriga a ter maior responsabilidade para com meu próximo.

O que significa falar do meu pai? Muito! É falar de amor ilimitado pela sua família, de carinho pelos seus filhos, de humildade e perseverança para dar sempre o melhor para sua família.

Casou-se aos 35 anos com minha mãe, ela tinha 17 anos, foi um grande amor o que ele sentia por dona Antônia e dela por ele, já que ficou viúva aos 38 anos e sempre dizia que não desejava outro marido, pois não existia outro João Portela no planeta. Há algumas passagens engraçadas sobre seu casamento que ainda vou comentar, atualmente não existem mais essas coisas, mas é justamente o que torna esse casal especial.

Não conheci meus avós paternos, Paulo Portela e Benvinda Portela, que faleceram antes do meu nascimento. No entanto, dos meus avós maternos, tenho boas lembranças, minha avó era alta e magra, uma mulher linda, que mesmo no interior, fazendo trabalhos pesados, tinha seu charme próprio e que a dureza da vida não apagou, assim era dona Angélica Rosa de Sá. Quanto ao meu avô, este foi uma figura inesquecível, tinha um rosto lindo com seus belos olhos azuis, era baixinho e muito brabo, por qualquer coisa dizia que dava uns tiros. Eu sofri em suas mãos, porém nunca me deu uma palmada.

Veio de Esperantina com minha avó e seus agregados, os Borges, vieram montados em jumentos, burros e cavalos, trouxeram seu gado, seus bodes e suas ovelhas, eram verdadeiros desbravadores, trouxeram um pouco de dinheiro da venda de suas terras em Batalha, no Piauí, e com esse dinheiro aqui no Maranhão comprou o triplo das terras que possuía lá.

Aqui, ele trabalhou muito e foi aumentando seu patrimônio, tanto que deixou um pedaço de terra para cada filho e para outros deu uma casa ou terreno na sede de Vargem Grande.

A família Portela tem um problema genético de visão, meu pai tinha glaucoma e catarata, foi fazer uma cirurgia em Teresina, no entanto ficou praticamente cego, via apenas alguns vultos, dependendo do tamanho do objeto. Lembro-me de que desde muito pequena já o levava para a rua, ajudava no comércio, em casa ele conseguia se movimentar bem, afinal era um território bem conhecido.

Meu pai bebia muito, antes do meu nascimento, mas sempre prometia à minha mãe que no dia que ela lhe desse uma filha ele deixaria a bebida, então em 1955 uma linda menina nasceu, EU, e seu João Portela nunca mais bebeu. Lembro-me que ele vendia bebidas e os refrigerantes eram de garrafas de vidro de 700ml, um dia eu perguntei ao meu pai por que ele não bebia refrigerante comigo e o Paulo (irmão) e ele me disse: "Filha, beber algo dessa garrafa pode provocar desejo de beber outras bebidas, então prefiro não beber nada". Na época eu não entendi nada, hoje eu admiro mais o meu pai.

Meu pai era lavrador, pescador e comerciante, lembro-me de quando tinha seis anos já o ajudava no comércio indicando onde estavam as mercadorias. Nunca vi uma pessoa tão boa de cálculos de "cabeça" quanto ele. Aprendi a realizar cálculos mentais com ele.

Falar sobre meus pais é bom, me faz recordar coisas boas, meu pai carinhoso, que contava histórias para eu dormir, que colocava uma bacia debaixo da rede para (fazer xixi na rede), fiz isso até os 12 anos, depois que ele se foi eu tive de me tornar adulta antes do tempo. Levava meu leite antes de sair e me embrulhava para eu dormir mais. Nunca me bateu, bastava me olhar, eu já sabia que havia errado e não sossegava enquanto não pedia desculpas. Era a educação sem violência na base do diálogo.

Segundo minha mãe, meu pai apaixonou-se por ela à primeira vista e com um mês de namoro eles já estavam de casamento marcado, 15 dias depois casaram-se no civil. No entanto, ela foi forte, negou-se a conviver maritalmente enquanto não se casasse no religioso, e meu pai todo frustrado foi fazer uma serenata para sua amada, no outro dia bem cedo meu avô José Quaresma a obrigou ir morar com seu marido, até então, após 21 dias de casados ele tentou dar um beijo nela e ela ficou valente, e o obrigou a chamá-la de dona Antônia e ela também o chamava de seu João, tratamento esse que durou dois anos, até o Paulo nascer.

Minha mãe, a dona Antônia, como a chamávamos carinhosamente, ou simplesmente "Velhinha da Conversa", falar sobre a minha mãe é fácil, pois as pessoas que tiveram o privilégio de conhecê-la o fazem muito bem e com conhecimento de causa. Ao perder meu pai, ela veio morar no Maranhão, para ficar mais próxima de seus parentes, pai e irmãos. Meu irmão mais velho, Paulo, ficou em Esperantina, minha irmã mais nova, Raquel, também ficou com meus tios, Jaca Portela e Jesus Portela.

Minha mãe era mais prática, seu amor pelos filhos era incontestável, porém nos fazia enxergar que tínhamos de trabalhar e estudar mais para vencer na vida, seu sonho era eu me tornar normalista. Realizei seu sonho à custa de muito sacrifício, todo ano paria um menino, mas ela não me permitia desanimar, pagava as parcelas do curso.

Dona Antônia veio do Piauí para ajudar na educação dos sobrinhos, acolheu todos, nossa casinha era pequena, mas sempre alimentava e acolhia no mínimo 20 pessoas diariamente. Eram sobrinhos, irmãos, cunhados(as), os "agregados" dos meus tios. Todos os que tiveram sua influência conseguiram se destacar na vida, era muito à frente de sua época, acreditava que somente por meio da educação poderíamos vencer.

Minha mãe na sua juventude era muito vaidosa, até fez permanente, depois se recolheu em seus vestidos humildes e todos do mesmo modelo, desde que tivesse um bolso, era para guardar suas chaves, nunca conheci uma mulher mais humilde do que ela. No entanto, virava uma fera quando um de seus filhos ou sobrinhos eram ameaçados.

Vou destacar somente o nome de alguns primos, os quais considero como irmãos, afinal dividi o amor de minha mãe com eles, nossa casa, creio mesmo que dividíamos tudo, eram 17 primos que moravam na mesma casa. Iara foi a primeira a vir, depois foram tantos que nem lembro a sequência, mas vamos tentar lembrar: Luís Carlos, Linda, Denir, Sula, Rosa (Quaresma Vale), Socorro, Graça, Wilson, Mazé, (Quaresma Machado), Neto e Vanila (Quaresma Melo), Antônio Sá (filho do tio Benedito), Esperança, Edvan, Juscelino, Toinha (Machado Sá), Manoel e Angelita (filhos do tio Manoel) etc. No entanto, não eram somente essas pessoas que moravam conosco, vinham os moradores dos meus tios, os meus tios e os amigos deles, ahh!, e meu avô, José Quaresma.

    Nossa alimentação consistia em três refeições diárias: café da manhã (café com farinha d'água); almoço (feijão com arroz); e jantar (arroz com feijão — baião de dois). Uma vez por mês meus tios mandavam carne de porco ou bode para nossa casa, porém era tanta gente que essa carne não alimentava mais de dois dias, mas vinham muitas frutas de suas casas, minha mãe tinha alguns porcos na "Varginha", a cada dois meses ela mandava abater um, era quando comíamos mais carne. Ela gostava de criar galinhas e patos, ajudava também nas nossas refeições, às vezes ela comprava bofes, carne de cabeça de boi, eram produtos mais baratos e ela era "aposentada", recebia meio salário-mínimo.

    No entanto, eu nunca deixei de ir à escola por falta de material ou livros, ah! Os livros eram passados de mim para Iara, da Iara para a Linda etc., ai de quem rasgasse ou riscasse uma folha de um livro desses. Lembro-me até do título (*NORDESTE*), e de outros. Meu livro de Admissão ao Ginásio foi repassado para a Iara, depois não foi mais necessário realizar esse exame, a gente se matriculava sem se submeter a essa prova que era tão difícil com um vestibular de hoje.

    Quisera eu que tivesse a metade da garra de dona Antônia, ela realizava verdadeiros milagres com meio salário-mínimo e a ajuda de meus tios. No entanto, eram tantas bocas para alimentar que sempre estávamos famintos, seu feijão tornou-se famoso em Vargem Grande.

Capítulo 3

MEUS IRMÃOS

Meus irmãos e amores, primeiro veio o Paulo,
Nove anos mais velho, ele era meu herói, meu exemplo.
Lembro-me da infância, quando o via como um príncipe,
Mesmo distantes, era minha referência.

Nossa separação foi difícil, eu jovem e órfã,
Perdendo pai e, ainda assim, meu irmão camarada.
Mas sempre nos amamos, mesmo quando brigávamos,
O amor sempre prevaleceu, mesmo nos momentos conturbados.

Em seguida, veio a Raquel, minha bonequinha querida,
Com oito anos de diferença, a vida nos dividiu.
No entanto, o amor nunca deixou de existir,
Uma família pequena, separada, mas cheia de carinho a persistir.

Na melhor idade, é difícil descrever meus irmãos,
Perfeitos em sua própria imperfeição, são lindos e sãos.
A beleza da vida está nas diferenças, em cada um,
Todos nós somos humanos, únicos e com nosso próprio rumo.

Cada um com suas características marcantes,
Mas todos somos pessoas de bem, em todas as instâncias.
Nossos pais, lá no céu, devem se orgulhar,

De Raquel, Paulo e Maria José, seus filhos, que juntos souberam se amar.

Mesmo com a distância, nosso amor nunca diminuiu,
Unidos pela prole, nossa mãe está feliz, eu pressinto.
Meus queridos irmãos, que Deus nos abençoe,
Para que possamos viver momentos inesquecíveis, de união e alegrias.

Meus irmãos biológicos

Ter um irmão é ter, para sempre, uma infância lembrada com segurança em outro coração.
(Tati Bernardi)

Família sempre foi e sempre será a base da sociedade, a minha é meu orgulho. Éramos uma família de cinco, mas nossa mãe nunca se conformou somente com seus filhos biológicos, sempre teve muito mais. Nesse contexto existiram Maria, Iracema, Bonifácio e José etc.

Porém, falar dos meus irmãos biológicos é maravilhoso, nossa mãe teve oito filhos, mas somente três conseguiram viver, estes são Paulo Portela, Maria José (eu) e Raquel, todos com uma grande diferença de idade, tanto que quando um nascia era muito amado tanto pelos pais como também pelos irmãos.

Primeiro veio o Paulo, vi uma foto dele ainda bebê, era lindo e foi muito amado por meus pais. Nove anos depois eu dava o ar da graça, em 14 de janeiro nasci no povoado Bela Vista, hoje bairro de Esperantina e Batalha. Fui a primeira filha mulher, meu pai ficou tão feliz que cumpriu uma promessa antiga à minha mãe, deixar de beber. Imaginem que ele deve ter me mimado muito, mas não foi tanto assim, ele me amou como ninguém, mas me mostrava que eu não podia fazer tudo, sabia me ensinar com amor, eu tinha algo que não existe mais, limites e responsabilidades de acordo com a minha idade.

Por último veio a Raquel e nosso irmão José Carlos, a Raquel nasceu primeiro, era maior, mais gordinha, conseguiu vencer a morte, meu irmãozinho se foi. Nossa mãe teve eclâmpsia e quase morreu.

Minha tia Jesus Portela, mulher do Tio Jaca, pediu para cuidar da minha irmã enquanto nossa mãe se recuperava com nosso irmão, nosso irmão se foi, mas ficou a Raquelzinha, como a chamávamos carinhosamente. O tio Jaca se afeiçoou demais a minha irmã e nossos pais não conseguiram levar de volta para nossa casa e assim crescemos separadas.

O tempo passou e em 1967 nosso pai veio a falecer e nossa mãe optou por ficar próxima à sua família, então nos separamos, eu aos 13 anos e ela aos cinco anos, como foi difícil, tínhamos perdido nosso pai e de repente perdi o meu irmão e irmã, era demais para uma adolescente.

O tempo passou e casei-me, meu primeiro filho, o Nonatinho, foi o afilhado dos meus dois irmãos, porém a Raquel não estava presente no batizado e coloquei a Antônia (prima) para a substituir.

Falar dos meus irmãos é motivo de orgulho para mim, acho que Deus recompensou os meus pais por suas boas ações, sempre que conversamos a gente comenta que nossos pais devem estar felizes em sua eterna morada pelos cidadãos por eles criados. Cada um de nós é diferente, lógico que não poderíamos ser iguais, mas cada um tem qualidades importantes para se viver numa sociedade em que o respeito, a solidariedade e a cidadania são cada vez mais necessárias.

Vou falar um pouco do Paulo, esse é mais velho nove anos, eu o achava o rapaz mais bonito de Esperantina, na nossa rua tinham muitas moças apaixonadas por ele, começou a trabalhar novo, creio que aos 16 anos ela já fazia contabilidade para comerciantes da cidade e começou a trabalhar na Coletoria, iniciou contratado, ganhava pouco, mas como vivíamos juntos era suficiente, depois que o nosso pai morreu ele passou por momentos difíceis, porém por sua competência e responsabilidade foi promovido e se tornou efetivo, depois foi para outros lugares como coletor, inclusive a Matias Olímpio, onde conheceu a Francelice, sua esposa e minha querida cunhada. Tiveram dois filhos, Leila e Leno, esses sobrinhos que são o meu orgulho. Atualmente, Paulo tem 77 anos, está com diversos problemas de saúde, mas é filho de dona Antônia e consegue resistir, é um homem de bem e todos têm respeito por ele.

Agora é a Raquel, minha irmãzinha, podemos ser adultas, estarmos na melhor idade, mas ainda é minha caçula, a maior dor que senti foi ter sido separada dela ao nascer, como foi falado antes, nossa mãe não deu a Raquel para meus tios, foram as circunstâncias que a obrigaram a ficarmos separadas. Era uma criança linda, quando eu vinha da escola ia direto ficar perto dela, como era sapeca! Seus cabelos lisos, olhos verdes como nossa mãe, seu jeito despachado eram suas principais características quando criança, não tive convivência quando ela era adolescente, porém quando nos encontrávamos eu sempre chorava porque não pudemos viver juntas. Admiro minha irmã, a mulher independente e batalhadora que é, me faz admirá-la mais a cada dia.

Acho que sou suspeita para falar das qualidades dos meus irmãos, mas de uma coisa eu tenho convicção, eu amo vocês dois, Paulo e Raquel, e tenho muito orgulho das pessoas que são e sei que nossos pais também estão felizes com seus filhos.

Capítulo 4

VARGEM GRANDE, MINHA SEGUNDA TERRA

Vargem Grande, minha morada primeiramente escolhida,
Após deixar meu lar no Piauí, órfã e de partida.
Com minha mãe e irmã de coração juntas fui viver,
Perto da antiga Imovesa, na casa do meu tio, mudar meu modo de ser.

Pertinho da igreja, lugar preferido por minha mãe,
Foi lá que fiz minhas primeiras amizades também.
O primeiro namorado, o primeiro beijo que ousamos,
E a primeira vez em que a regra em mim chegou, lá tudo aconteceu.

Eram muitas coisas, para uma adolescente tão inexperiente,
Mas a distância da minha casa no Piauí fez-me querer seguir em frente.
E ali, em Vargem Grande, novas oportunidades conquistei,
Aprendendo a lavar roupas, a cozinhar, a minha família ajudei.

No fogareiro de carvão, comidas para vinte pessoas preparei,
O cardápio diário de arroz e feijão, às vezes carne ou frango provei.
O café, sempre o mesmo, com farinha misturado,
E beiju de tapioca, raro, mas, com alegria, desfrutado.

Não era muito, mas era o que podíamos ter,
Em Vargem Grande, aprendi a valorizar e o simples viver.
Estudei o antigo ginasial, depois o magistério escolhi,
O caminho que me levou a ser professora, com orgulho vivi.

Vargem Grande me acolheu com carinho e dedicação,
Com professores que marcaram minha formação.
Dona Odineia, dona Gracinha, professor Renné e tantos mais,
Cada um com sua história, me guiaram pelos bons ideais.

Nunca esquecerei dos amigos da rua José Magalhães,
Dos vizinhos queridos, dona Maria da Luz e dona Julia.
E os primos, tantos e queridos, impossíveis de nomear,
Foram tempos bons, a nossa preocupação era apenas aprovar.

A palavra "reprovar" era proibida na linguagem de minha mãe,
Em Vargem Grande, a dedicação aos estudos era o que nos convinha.
Iniciei minha jornada como professora aos 15 anos,
Na escola da Caiçara, senti que era o meu destino, em todos os planos.

Vargem Grande, terra querida, que me recebeu de braços abertos,
Amigos eternos, nunca os esquecerei, guardados em meus afetos.
A felicidade era nossa companheira, mesmo com escassez material,
Pois em nossa ingenuidade, tínhamos tudo o que era essencial.

Vargem Grande, minha cidade primeira e amada,
Onde construí lembranças, aventuras em cada jornada.
Nunca esqueceremos dos parentes queridos que ali se tornaram,
Momentos inesquecíveis em Vargem Grande, para sempre recordaram.

VINDA PARA O MARANHÃO

Ano de 1967

> *Na juventude, somos atraídos por aquilo que é chamado de interessante; na idade madura, pelo que é bom.*
> *(Hugo Hofmannsthal)*

Perder meu pai foi o maior desespero para uma adolescente que amava seu pai com verdadeira adoração e se sentia segura. Então começaram as viagens da minha mãe ao Maranhão, veio explorar a madeira existente no povoado Varginha, terra doada pelo meu avô para dona Antônia, ele fez a doação de todas suas propriedades em vida para todos os filhos, dizia não querer deixar problemas depois de falecer. Minha mãe ficou endividada com a morte do meu pai e veio para conseguir o dinheiro com a venda dessas madeiras, ela conseguiu saldar todas as suas dívidas. Porém, ficar perto de sua família provocou nela o desejo de morar perto deles, e assim tivemos de vir de Esperantina para Vargem Grande.

Em dezembro de 1967 viemos de vez, menos de um ano da morte do meu pai, não foi fácil vir, deixar minha casa, meus tios, meus irmãos, amigos, todo o meu mundo virou um pesadelo. Era uma adolescente que necessitava de segurança e, no entanto, tive de enfrentar o desconhecido.

Ao chegarmos em Vargem Grande a nossa casa estava alugada e fomos passar um período com a tia Benildes e o tio Zé de Melo. Éramos três, eu, a Iracema e mamãe. Depois fomos morar na casa do tio Cícero Quaresma, perto da antiga Imovesa, onde hoje estão as Lojas Americanas, nesta época ele estava terminando de construir seu casarão, ficamos na casa menor, foi um novo recomeço, minha vida pacata já não existia, quase todo dia conhecia uma pessoa diferente. Foi difícil minha adaptação à nova vida, mas sempre tive facilidade de me acostumar às mais diversas condições de vida, assim, fiz novos amigos e aprendi a amar meus parentes maternos.

Lá nessa humilde casinha eu tive minha primeira menstruação, na verdade eu não sabia que mulher tinha "regras", e quando isso ocorreu eu dei escândalo, chorava e pensava que estava morrendo, foi preciso minha tia Benildes me explicar, já que minha mãe nunca teve coragem de me falar sobre esse assunto. Passei uma semana sem ter coragem de olhar para meus primos, dei febre, me cocei toda, fiz algumas estrias, prometi a mim mesma que nunca criaria meus filhos sem esses conhecimentos, uma vez que minha passagem de adolescente para me transformar em mulher foi um verdadeiro pesadelo.

Na casa do tio Cícero existiam muitos cajueiros, lembro-me que juntávamos as castanhas e meus primos "roubavam" tudo e vendiam. Enterrávamos nossos "tesouros", mas eles acabavam por descobrir, a gente ficava com muita raiva, mas no final a gente se entendia e formamos uma grande família.

Lembro-me do Wilson Machado, para ele as primas deviam ser marcadas com uma colher quente, quase todas nós tínhamos uma mancha de queimadura, éramos suas "vacas". O Juscelino (amor do nosso avô) era cheio de problemas, principalmente em relação a sexo, a gente judiava dele, mas o mais incrível de tudo isso era o respeito que tínhamos um pelo outro, nunca nenhum primo passou dos limites conosco, éramos uma verdadeira família em todos os sentidos.

Foi quando descobri o "amor", foi por meu primo, em Esperantina ele morou conosco dois anos e ele foi o meu grande amor de adolescente. Para mim não existia um homem mais bonito, educado e valente, chegamos a namorar, mas foi um namoro inocente, seu pai não me desejava como nora e ele como um filho obediente o obedeceu, sofri pra caramba, passei a namorar todo rapaz que se interessava por mim, até que não era feia, mas sempre aguardava que um dia pudéssemos ficar juntos. Terminei o curso ginasial, o equivalente ao ensino fundamental — anos finais e tivemos uma conversa, ele disse não ter coragem de desobedecer a seu pai, chorei muito nesse dia, mas resolvi que me casaria com o primeiro homem que me procurasse, e menos de dois meses depois disso estava rumo ao casamento, pois a mulher que saísse com um homem por uma noite tinha de casar, assim casei-me em 1972 (este é um capítulo à parte).

Viver com meus primos-irmãos foi muito bom, lembro-me das (tertúlias), festinhas que fazíamos em nossa casa, com radiolas pequenas, movidas a pilhas, energia nessa época só para lâmpadas e às dez horas se desligava. Portanto, a iluminação era pelas lamparinas e ao som de Roberto Carlos, José Augusto, Paulo Sérgio, Jerry Adriani, Ronnie Von, José Roberto etc. Minha mãe achava melhor essas festinhas em casa do que fora de casa, ela controlava tudo, o bom era que a gente se respeitava, não existia bebidas alcóolicas e a gente se divertia, às 22 horas encerrava tudo e íamos dormir.

Minha mãe morou muitos anos em Vargem Grande, porém quando a velhice chegou, resolveu ficar perto de mim, era pena que ela e o Ribamar não se entendiam, muitas vezes brigamos por causa disso, eu desejava ser casada a qualquer custo, e quase sempre ficava do lado dele, até porque minha mãe não aceitava separações.

Foram muitos anos de luta para vivermos bem, como uma família unida, às vezes eu conseguia, mas na maioria das vezes eu fracassava. Hoje reconheço que foi por minha culpa, não soube me impor desde o início, só eu cedia e casamento só dá certo quando os dois cedem.

Perdi minha mãe em 12 de maio de 2001, estava na Varginha, era véspera do Dia das Mães, íamos passar juntas, estava com o frango amarrado para ficar junto da minha mãe nesse dia tão especial. Porém, o Neto foi me buscar às sete da noite de sábado, inicialmente nada me disse, apenas que ela tinha caído e necessitava de minha ajuda, quando chegamos em Nina Rodrigues foi que teve a coragem de me dizer a verdade, nunca senti uma dor tão grande como naquele momento, não há como descrever, era algo tão forte que me sufocava. Naquele momento eu me senti solitária, sabia que a única pessoa que sempre esteve do meu lado não estaria mais comigo e como me arrependi das vezes que não fiquei do seu lado e sim do lado do Ribamar. Acho que o nosso casamento foi se desfazendo de verdade naquele momento, ela era uma das únicas pessoas que desejava me ver casada e como ela não estava mais presente não havia mais motivos para eu aceitar tudo do jeito que ele queria.

Mas meu casamento será um capítulo à parte, a dona Antônia foi sepultada em 13 de maio, Dia das Mães. Foi uma escolha divina que ela se despedisse da gente nesse dia, nunca será esquecida, foi mãe de mais de 50 pessoas, e como devota de Nossa Senhora foi para junto de Deus numa data especial.

Podem acreditar, minha mãe morreu há 22 anos, porém nunca foi esquecida, não há um dia que não lembramos dela, dessa vez com saudades, mas uma saudade boa, lembrando de seus conselhos, das passagens engraçadas de sua história de vida e de sua personalidade forte, de sua coragem de lutar por quem amava. Sempre pedi a Deus para me dar a metade da garra dessa senhora que tive a honra de ter como mãe.

Capítulo 5

CASAMENTO

No amanhecer da juventude, dois corações cruzaram seu caminho,
Em tenra idade, unidos pelo destino, suas vidas entrelaçadas.
Ela com seus 16 anos, ele com 19, sonhando com casa e família,
Na doce inocência da juventude, trilharam o caminho da vida juntos.

Nas asas do amor, eles construíram um lar,
Embora mal se conhecessem, a esperança os guiava,
Momentos felizes compartilharam, alegrias e desafios enfrentaram,
No intricado labirinto de viver juntos, um pelo outro cederam.

Mas nem sempre os acordes harmoniosos prevaleciam,
Quando apenas um cedia, o ressentimento emergia,
No entanto, sua família era sua fortaleza, mesmo na separação,
Os laços de sangue transcendem a tristeza, a mágoa e a solidão.

Por 35 anos, lutaram e triunfaram lado a lado,
Juntos, viveram em lugares diferentes, superando cada obstáculo encontrado,
Urbano, rural, na capital, essas paisagens diferentes abraçaram,
Enquanto suas preocupações e alegrias, seus filhos queridos carregavam.

Mas depois de tanto tempo, o destino os separou,
Cada um partiu em busca de seu próprio caminho,
No entanto, a família unida era mais forte do que a distância,
E mesmo nas sombras, eles permaneceram unidos pela perseverança.

Até que a tragédia, sem aviso, chegou,
A dor insuportável de um ente querido perdido,
O marido, aos 71 anos, encontrou seu triste fim,
No último ato, a vida abandonada e a esperança esvaziada por dentro.

Mas mesmo na escuridão, a família permaneceu,
Recordando os bons momentos, as lutas, as alegrias, o que viveram,
As necessidades compartilhadas, os dias de incerteza, mas juntos sobreviveram,
E, assim, apenas as boas lembranças permaneceram, enquanto o tempo fluía.

A família, tesouro precioso que ambos criaram,
Filhos e netos unidos, um legado a ser compartilhado,
No abraço da felicidade, a esposa encontrou forças para seguir em frente,
Sua família, sua alegria, seu mundo, completo e pleno de amor ardente.

MEU CASAMETO

MAZÉ AOS 20 ANOS

Nietzsche disse que só existe uma pergunta a ser feita quando se pretende casar: continuarei a ter prazer em conversar com esta pessoa daqui a 30 anos?
(Rubem Alves)

Não tenho fotos de criança, nem de casamento, a foto anterior é de quando eu já tinha tido meus filhos, este foi o vestido do meu casamento. Tenho uma foto de lembrança dos meus 15 anos, mas não consigo achá-la, com certeza outras substituirão as que não tirei na minha infância e adolescência.

Concluí o curso ginasial aos 16 anos, pedi ajuda a minha mãe e meu irmão para estudar em São Luís, porém não foi possível. Então, como "aborrecente" mimada afirmei que casaria com o primeiro homem que aparecesse, e foi justamente o Ribamar que apareceu na Boa Vista dos Corrêa nas férias de janeiro de 1972.

Eu estava passando férias na casa do meu saudoso primo Chico Quaresma e Miriam, na Gameleira e como tinha muitos amigos na Boa Vista ia sempre visitar meus amigos.

Havia conhecido o Ribamar dois anos antes na casa do Tio Antônio, na Gameleira, nada senti, até porque ele bebeu conhaque São João da Barra até se embebedar e não me deixou uma boa lembrança.

No ano seguinte, no Povoado Mangueira, na casa da tia Benildes, houve uma festa e lá o namorei. Ele já foi me convidando para casar, mas não aceitei, nossas famílias não se davam tão bem.

O tempo passou e um ano depois foi o nosso reencontro na Boa Vista, ainda estava revoltada por não poder continuar a estudar e não poder ficar com o meu primo, resolvi "fugir", era a maneira de forçar os pais a consentirem no casamento. Nessa época quem passasse uma noite com um homem era tida como indecente, e nenhum pai da época aceitava isso.

"Fugi" em 3 de janeiro de 1972 e em 14 de janeiro do mesmo ano me casei no civil na casa do Sr. Zeca Corrêa, no casarão à margem dos rios Munin e Guará, foi uma cerimônia simples, em que só tinham os familiares do Ribamar e o Tabelião Sr. Aquino de Vargem Grande. Mas fui bem-vinda pela família, Dona Alba, minha sogra, me recebeu muito bem, os irmãos ou cunhados também. Foi uma nova família, diferente sim, mas nos tornamos amigos, e até hoje sou amiga de todos.

Começou uma nova era, outra realidade, em que eu tive que fazer o possível para arranjar o que comer. Roupas? Essas, se alguém me dava eu as vestia, passei no mínimo três anos para comprar uma peça de roupa, o que conseguia não dava nem para comprar comida. Aprendi a socar ou pisar arroz, quebrar coco, comer somente com água e sal e ficava bem feliz, era sinal de que não dormiria com fome.

Engravidei no mesmo mês do casamento, em 10 de outubro de 1972 tive meu primeiro filho, nasceu morto, fiquei desesperada, mas nada pude fazer. Seu enxoval foi minha tia Sinhara Portela, irmã do meu pai, quem mandou, era lindo. Deixei para o segundo filho, e um ano depois nasceu o Nonatinho. Como eu tive medo de que ele nascesse morto, eu fiz uma promessa com São Raimundo Nonato que se ele vivesse eu colocaria seu nome de Raimundo Nonato, e ele foi considerado meu primogênito. Foi uma época difícil, eu fazia vassouras de carnaúba para não deixar faltar o leite e massa para ele, toda semana eu levava num jumentinho pelo menos 100 vassouras para vender para o Sr. Benedito Ximenes, Sr. "Careca", meu vizinho em Vargem Grande.

Juntava os cocos babaçus que ficavam próximo à minha casa, como não sabia quebrar o coco, e quando quebrava era muito devagar fiz uma parceria com a meninada vizinha e pedia para a mamãe que mandasse um pouco de carne e farinha para fazer a merenda desses garotos e no final do dia dividíamos o coco quebrado. Era sempre uma vez por semana, esse coco era vendido e comprava os alimentos básicos para a semana.

Enquanto isso, eu passei a estudar em Vargem Grande o magistério ou normal, como minha mãe nomeava. Era difícil, caminhava seis quilômetros de ida à tarde e voltava cedo do outro dia outros seis quilômetros, pensei em desistir muitas vezes, brigava com a mamãe, mas ela não me permitia desistir, comprava meu material e pagava minhas mensalidades. Eu só tinha de estudar, mas era complicado ir e vir todo dia, quando chegava cansada ainda ia limpar a casa, buscar água no riacho Paulica e à tarde continuar a buscar cocos, riscar as palhas de carnaúba, colocar no sol e, quando não ia estudar, fazia as vassouras à noite. Era o Ribamar que cortava as palhas e amarrava os nós para completar o acabamento das vassouras.

Ele também trabalhava, fazia roças, mas os legumes ele esquecia na roça e de lá sumiam. Minha mãe comprou mercadorias para eu vender para os moradores, mas nunca ia para frente, o que se vendia fiado não era anotado e as mercadorias desapareciam depressa.

Depois do Nonatinho eu engravidei do Neto mais depressa ainda, 11 meses depois eu paria um menino enorme, 5,30 kg.

Dona Bernarda (mãe do Zazá) foi a parteira, ele era tão grande que quase morreu asfixiado, fiquei impressionada com seu tamanho, a diferença de idade entre eles era tão pequena que eu fazia "mingau" (leite e maisena) para os dois ao mesmo tempo. Então mamãe ficou cuidando do Nonatinho e eu passei a cuidar do Neto.

Comecei a tomar anticoncepcional, porém só por dois meses, vomitava e ficava tonta. Engravidei três meses depois e em outubro de 1975 tive o Walber. Foi um parto difícil, tive de ir para São Luís fazer cesariana. Aí minha vida complicou de verdade, ainda estudava e cuidava de três crianças de dois, um ano e meses de vida. Aos cinco meses ele teve sarampo e quase morreu, passamos 15 dias eu e mamãe nos revezando para cuidar dele 24 horas. Ele ficou tão magro que a gente só via pele e osso. Mas não desistimos, a mamãe ficou cuidando dele, para que eu cuidasse dos dois mais velhos, devo muitos favores a Iara, ela me ajudou muito a cuidar deles, principalmente do Nonatinho, acho que é por isso que os dois são tão próximos.

Tive quatro filhos biológicos, o primeiro nasceu morto em 10 de outubro de 1972; Raimundo Nonato Portela Corrêa em 19 de setembro de 1973; José Ribamar Corrêa Neto em 12 de agosto de 1974; Walber Portela Corrêa em 4 de outubro de 1975 e por último ganhei um presente em forma de criança, meu filho caçula, Allan Portela Corrêa, nascido em 22 de janeiro de 1981, não há diferença nenhuma no amor dedicado aos outros, ao contrário, às vezes o amo até mais.

Mesmo diante de tantos desafios, eu consegui me formar. Essa conquista foi da minha mãe, sem ela estaria hoje aposentada como trabalhadora rural morando um dia aqui e outro ali, sem nenhuma segurança. Todos nós temos anjos que nos protegem, eu tive muitos, mas o principal foi a dona Antônia.

Em 1975 fui nomeada professora do estado em Nina Rodrigues. Outros trabalhos surgiram depois, mas o principal mesmo foi esse que me ajudou a sustentar meus filhos e poder lhes dá uma vida mais digna, o que ainda demorou, pois eu trabalhava de domingo a domingo.

OS PRIMEIROS ANOS DE CASADA

Para todos os homens que dizem: "Porque comprar a vaca, se você pode beber o leite de graça?", aqui está a novidade para vocês: Hoje em dia 80% das mulheres são contra o casamento e sabem por quê?

"Porque as mulheres perceberam que não vale a pena comprar um porco inteiro só para ter uma linguiça!". Nada mais justo!

(Arnaldo Jabor)

Ao me casar no dia 14 de janeiro de 1972, estava completando 17 anos, fui viver uma vida meio nômade, um dia aqui, outro em qualquer lugar dentro do município de Nina Rodrigues, Vargem Grande e até mesmo de São Luís.

Era uma vida quase primitiva, chegava numa "tapera" qualquer, juntava três pedras e fazia o fogo para fazer a comida. Dormia muitas vezes ao relento, as casas velhas não tinham paredes, era só o teto coberto de palha.

A bagagem toda cabia numa mala baú, presente de minha mãe, eram as duas redes, duas panelas, dois pratos e colheres e as poucas roupas que levei ao me casar. Não estou a me queixar, até gostava da aventura. Foi escolha minha, escolhi um homem que não queria se prender a nada, e a gente tem de arcar com as consequências dos nossos atos.

Fui criada numa família de gente pobre, mas ao morar nesses lugares mais primitivos entendi que era rica e não sabia, muitas vezes não tinha nem a pasta para escovar os dentes, fazia isso com sabão, eu tinha um anjo que não me permitia passar tanta necessidade.

A comida eu não sabia fazer quase nada, somente arroz, feijão e carne, a comida que estava habituada a comer na casa da minha mãe. Lembro-me da primeira vez que o Ribamar me apresentou uma galinha para eu abater, eu quase desmaiava, não tinha coragem de fazer isso. Ele abateu a bichinha e eu tive que aprender a limpar e cortar, era como os indígenas comiam, praticamente com água e sal, tive de me adaptar, até porque não tinha galinha para comer todo dia.

Morei em muitos lugares, Santa Rita, logo nos primeiros dias de casamento, depois Volta do Mundo, lá eu tive muita fartura, só tinha dificuldade na hora de "socar" o arroz, as mãos adquiriram muitos calos, muitas vezes sangravam. Morei no Morada Nova, próximo aos Morros, atualmente Assentamento Balaiada, morei também no Amapá da Lucinda, Guará, e aqui na sede de Nina Rodrigues morei na Rua São Benedito, Rua 13 de Dezembro, Manoel Vicente, Avenida José Rodrigues de Mesquita, Rua Zacarias Lopes, Bairro Santana etc. Mas de todos os lugares que morei a Varginha foi o meu porto seguro, era propriedade de minha mãe, então eu sempre podia ficar em uma casa qualquer.

Foi uma vida difícil, mas também divertida, não tinha tempo para ficar preocupada, se estivesse de barriga cheia estava feliz, mas essa comida era o mais difícil de conseguir, minhas habilidades como mulher residente no interior eram nulas, aos poucos fui aprendendo a me virar. Quando era convidada a comer na casa dos amigos eu ia para a cozinha e prestava atenção na forma de preparar a comida, com isso fui aprendendo a inovar, era uma forma de aprender a não ficar com fome e aproveitar os produtos da região.

Nessa caminhada, aprendi a fazer maxixada, murici com leite de coco, jenipapo, a pescar na Paulica metendo a mão nas "locas", buracos feitos pela erosão e onde as traíras se escondiam, eu morria de medo, mas não tinha opção, quando a gente demorava pelo menos seis meses num lugar a gente criava muitas galinhas e porcos a gente tinha acesso, minha mãe me dava. Aprendi a deixar galinha refogada de um dia para o outro, sem salgar, mas nunca conseguia matar uma galinha ou leitão.

Lembro-me de um grande amigo, o Diógenes (falecido), cuidou de mim quando eu era criança, meu amigo não me deixava passar fome, no parto do meu primeiro filho ele me deu cinco capões e vários frangos. Sempre pude contar com ele, ele gostava muito do meu pai e da minha mãe, acho que era uma forma de demonstrar seu amor por eles.

Foram muitas coisas vivenciadas, meus primos gostavam de me visitar, era uma festa, muita cantoria, cachaça, piaba frita com azeite de coco. Eram as condições mais primitivas, mas as Quaresmas herdaram essa sede de desbravamento do meu avô José Quaresma.

Capítulo 6

FILHOS

AMOR MAIOR!

Tenho quatro tesouros,
Meus bens mais preciosos.
Tudo na vida tem um preço,
Mas eles são meu maior apreço.

O primeiro nasceu em 1972,
Mas não pôde viver, infelizmente.
Hoje, ele é o meu anjo protetor,
Cuidando de nós, eternamente.

Em 1973, veio o Nonatinho,
Meu primogênito, meu companheiro.
Na Varginha, éramos só nós dois,
Eu o beliscava à noite, buscando ouvir seu som companheiro.
E mesmo com um choro dolorido,
Ele nunca me abandonou, seu vínculo nunca partiu.

Em 1974, nasceu o Neto,
Apenas 11 meses de diferença.
O maior bebê que já tive,
Por pouco não perdi sua presença.

D. Bernarda, foi a parteira de sua chegada,
Nasceu de madrugada, um momento abençoado.

Cuidar de duas crianças não foi fácil,
Mas tive o apoio da minha mãe,
E minhas primas, especialmente a Iara,
Companheiras nesse caminhar, que me ofereceram amor e ajuda.

Em 1975, chegou o Walber,
Após 21 dias de dores intensas.
Foi na Maternidade Marly Sarney,
Que, em 4 de outubro, nasceu, uma bênção.
Um menino lindo e saudável,
Até os cinco meses, gorduchinho e alegre.
Mas o sarampo quase o levou,
Contudo, o amor e a determinação das mães o salvaram e ele cresceu.

Em 1981, veio o Allan,
Meu grande amor, meu presente divino.
Um amor envolvente,
Que trouxe felicidade ao meu destino.
Juntos, essas pessoas são minha alegria,
Se eles estão bem, eu também estou feliz.
Meus tesouros, minha maior riqueza,
Que sejam sempre felizes, meus amores, minha paixão, a minha raiz.

Meus filhos, amigos e razão de minha vida

> Os filhos são como as águias, ensinarás a voar, mas não voarão o teu voo. Ensinarás a sonhar, mas não sonharão os teus sonhos. Ensinarás a viver, mas não viverão a tua vida. Mas, em cada voo, em cada sonho e em cada vida, permanecerá para sempre a marca dos ensinamentos recebidos.
>
> (Madre Teresa de Calcutá)

Falar de quem se ama é difícil, tenho padecido neste capítulo, queria ter lindas palavras para dizer sobre cada um, mas creio que o poema retrata esses sentimentos. O primeiro foi o Nonatinho, meu amigo e companheiro, tenho muito orgulho do homem em que ele se transformou. Todos os dias me visita, sempre tem um tempo para a mãe, sofre quando estou doente, é complicado falar sobre cada um. Este me deu dois tesouros, o João Pedro e a Laura Beatriz, são meus companheiros, a companhia que afasta minha solidão.

O Neto, este sempre foi o mais carinhoso, mas esse carinho muitas vezes custa caro, pois até quando me dá vontade de puxar suas orelhas seu olhar de "peixe morto" me faz desistir, cuida de mim com muito carinho nesses anos de tantas cirurgias. Tem dois amores, o meu João, e minha Anna, como amo esses seres humanos tão preciosos.

O Walber, esse é meu confidente, sempre foi meu amigo, é um homem de bem. Sempre me visita, conversamos muito. Sei que posso contar com seu apoio, o admiro, pois é um homem que tenta ser justo, tem seus filhos, e ainda se tomou de amores pela Emanuelle, tenta ser o melhor pai para ela.

O Allan é o meu caçula, mas foi o que primeiro me deu netos, é meu amigo, tem paciência de andar comigo, nunca foi contra eu viajar e estudar em outro país. Vou fazer o possível para realizar seu sonho de viajar para outro país.

Falar no Allan me deixa orgulhosa, criei um homem de bem, teve que trabalhar cedo para sustentar sua família, já que aos 18 anos já tinha constituído família. É meio danadinho, mas ele e Sâmara conseguem se entender.

Falar de meus filhos é falar também de minhas noras. Nesse quadro estão Branca, Concy e por último acrescento a Sâmara, que me enche de orgulho, terminei de criar, são todas minhas amigas, tenho uma ótima relação com todas. Brigo somente com a "loura", essa pelo fato de ter contribuído em sua criação, dou-me ao luxo de reclamar com a filha de coração.

Ainda verei o Allan estudando para complementar o orgulho que sinto desse filho querido. Me deu dois netos lindos, Eduarda, minha princesa linda, menina que foi amada demais por nossa família, rogo sempre a Deus para guiar seus passos e que seja feliz. Falar em netos tem que incluir meu "Pequeno Hulk", o Gabriel, meu neto caçula, esse vai longe, possui um raciocínio que muitos marmanjos perdem, se os pais aproveitarem sua inteligência alcançará muitas conquistas, assim espero.

Falar em minha família me leva a pensar em amor sem limites. Tenho muitos filhos de coração, creio que mais de 100. Ao longo desta vida ajudei a criar muitos filhos, não me arrependo, muitos estão vivendo bem, ajudei na educação e compartilhando minha casa. Entre esses filhos vale a pena destacar a Gracinha, veio morar comigo com três anos e saiu depois de adulta, hoje vive em São Paulo, acho que está a viver uma fase boa. Mas tem também a Remédio, minha primeira filha, o José Orlando, e o Antônio Orlando, Juvenal, Dora, Vanda, Helena etc.

Como se pode constatar, foi difícil falar sobre meus amores, cada um com suas características, somente uma coisa em comum, o amor familiar que nos une. Esse não tem preço, é a minha maior riqueza.

Capítulo 7

MEUS TESOUROS

Netos, minha fonte de amor e emoção,
Cada um de vocês é uma bênção, uma paixão.
Eduarda, meu primeiro encanto,
Seu amor intenso me encanta.

João Marcelo, guerreiro e amigo leal,
Nossa amizade é como um laço especial.
João Pedro, companheiro em todas as horas,
Seu amor e cuidado me dão forças a qualquer hora.

Anna Marcela, minha princesa tão querida,
Seu carinho é essencial em minha vida.
Laura Beatriz, minha bela menina,
Você é linda por fora e por dentro, minha rainha.

Murilo Gabriel, meu netinho caçula,
Sua confiança me enche de emoção pura.
Emanuelle, querida netinha tão especial,
Você é um presente, é o nosso astral.

Amo minha família, mas vocês, meus netos,
São o verdadeiro tesouro que carrego no peito.
A cada sorriso, cada abraço apertado,
Meu coração se enche de amor, é abençoado.

Vocês são a continuação de tudo o que sou,
E agradeço a Deus por cada momento ao seu lado.
Um presente eterno, vínculo sagrado,
Meus netos amados, meus tesouros abençoados.

MEUS NETOS

Ter netos é a certeza de que teremos aqui a nossa continuidade, portanto, só passe a eles o que de melhor possa existir em você: amor, respeito e os mais singelos de todos os sentimentos, a amizade.
(Djalma Pinheiro)

Sabem que ser avó é ser mãe duas vezes? Pois é, só que a avó não precisa educar, colocar limites, basta apenas controlar os excessos. Meus netos, conforme os sentimentos expressos no poema, são minha grande alegria, não existe coisa melhor do que ter todos ao meu redor, lembro-me com saudades do Ribamar ainda vivo, eu entregava o dinheiro do lanche e ele e a Anna Marcela e Laurinha iam comprar, era uma farra.

Só existe uma coisa em que sou exigente com eles, é sobre estudar, não tem como deixar somente por vossas vontades, pois um joguinho ou brincadeira é bem mais atraente. Porém sem estudos não há como competir no mercado de trabalho e sonhar com uma vida melhor, e estudar não se refere apenas a ter uma vida melhor financeiramente, estudar é adquirir conhecimentos e nos preparar para a vida.

O amor que dedico aos meus netos é incalculável, amo todos iguais, no entanto, cada um tem suas próprias características, mas por serem diferentes é que são belos e únicos. Na minha idade é difícil uma criança ou adolescente gostar de ficar perto de um idoso, mas os meus amam vir para a casa da vovó.

Eles ainda estão sofrendo por falta do avô, mas sempre estão comigo, pelo menos duas ou três vezes por semana. O João Pedro é meu fiel companheiro, parece que puxou à avó, gosta de estudar, fica sempre me fazendo companhia, a Laura é mais "vira-folha", mas muito estudiosa, porém não perde a oportunidade de se divertir, faz muito bem.

A Eduarda, minha Duda, está se formando, tenho muito orgulho da minha neta, espero de coração que suas escolhas sejam as melhores. O João Marcelo, eita menino porreta, breve estudará, gosto de seu comportamento e do seu modo de ver a vida. A Anna Marcella é uma princesa da vó, muito inteligente, em breve cursará uma universidade, sei que será motivo de orgulho.

Temos os dois caçulas, a Emanuelle e o Gabriel, ambos são inteligentes, gostam de brincar, é coisa da idade. Na verdade, falar sobre meus tesouros é fácil e difícil, pois para as avós os netos não têm defeitos, e os meus não são diferentes, mas temos uma coisa em comum: nos amamos muito.

Capítulo 8

NINA BELA I

No território maranhense, surge exaltada,
A cidade de Nina Rodrigues, abençoada.
Berço da Balaiada, eterno marco,
Onde a história se fez, num jogo bravo e arrojado.

Nina, minha querida, em ti me acolheste,
Há mais de meio século, com teu abraço me recebeste.
Nas ruas do Sol e São Benedito,
Na avenida João Araújo Braga, contemplo teu infinito.

Pequenina eras, em população reduzida,
Mas gigante sempre foste, em bondade e acolhida.
Nina, minha amada, foste meu lar,
Aprendi contigo a ser uma boa profissional, a ensinar.

Professora me fiz, no teu solo abençoado,
Carregando comigo teu amor e cuidado.
Nas aulas, nas panelas, na juventude a cativar,
Minha conexão contigo, sempre a valorizar.

Terra de lutas, sede e campo unidos,
Pelas causas nobres, empenho destemido.
Pelo bem-estar da população,
Por uma sociedade justa, em união.

Honrei o cargo de vereadora, com orgulho,
Nina Rodrigues, foste meu apoio verdadeiro e seguro.
Exerci tantas funções, que em teu solo caminhei,
A todos que me receberam, eterna gratidão sempre terei.

Minha querida Nina, cidade preciosa,
Teu valor é imenso, é grandiosa.
No estado do Maranhão, teu nome ecoará,
Exalto-te com amor, minha Nina a celebrar.

NINA BELA

O orgulho bate no peito
por tudo que é mais divino
moro num lugar perfeito
de sol forte e cristalino
onde se prega o respeito
e o trabalho é o conceito
que retrata o nordestino.
(Guibson Medeiros)

  Falar sobre a cidade de Nina Rodrigues é bom, foi aqui em 1972 que fui acolhida, primeiro pelos meus sogros, José Corrêa e Alba Corrêa, além dos meus cunhados, Josalba, Teresa, João Batista, Wagner, Bidico, Budim, Jorge (este sempre nos acompanhou), Rosângela, Rosalie, Joelma e Ramiro. Todos me receberam bem, senti-me parte da família logo no primeiro dia de casada.
  Em Nina tive que me tornar adulta de verdade, aqui eu tinha que trabalhar pelo pão de cada dia e não era fácil. Eu não sabia viver como nômade, afinal era a vida que o meu marido desejava, um dia aqui, uma semana depois em outro local, o bom foi que conheci praticamente todos os povoados desse município.
  Aqui fui professora, dona de casa, cozinheira, pescadora, diarista, recenseadora, presidente de Clube das Mães, sindicalista

e política, o que importava mesmo era ter o pão para alimentar meus filhos. Seu povo foi generoso comigo e sempre que algum jovem ia fazer uma seleção em São Luís me contratavam para dar aulas aos filhos, assim fui me destacando como professora.

Iniciei meu trabalho como professora da rede estadual em 1975, na Unidade Integrada Gonçalves Dias. Nessa época o prédio estava em reforma e comecei a trabalhar na antiga escola ROC, construída pelo ex-prefeito Mundico Corrêa, pessoa a quem sempre dediquei carinho e respeito.

Em 1977 a escola Gonçalves Dias foi reinaugurada no governo do ex-governador Nunes Freire, na gestão do então prefeito Valdeci Corrêa, e esta foi o meu segundo lar, trabalhei durante 35 anos, e me aposentei nessa escola. Nessa época era a única escola da sede, as turmas tinham muitos alunos, me destaquei como professora de quarta série, hoje o quinto ano do ensino fundamental, e no ginásio como professora de História, depois vieram a Língua Portuguesa, Matemática e outras, era multidisciplinar. Minha primeira diretora era a dona Francisca Araújo, uma mulher admirável. Tive como colegas pessoas e profissionais fantásticas, cito aqui a Ismeraldina, Cita, Assunção Sena, Durvalina, Dona Soledade, Neide Braga, Maria Arcâgelo, Erotildes, Iara, Roseline Corrêa, Édna Conceição etc., não tem como nomeá-los, foram muitos e todos sempre foram amigos.

Mas durante esse período como professora também fiz outras coisas, me envolvi com a igreja católica, fui dirigente de comunidade, era uma época em que a Igreja estava desenvolvendo um trabalho nas comunidades eclesiais de base (CEBs) em muitos povoados e iniciou um processo de questionamentos na forma como os lavradores eram tratados pelos proprietários, criamos um clube de jovens (Juventude Unida Ninarodriguense- JUNR). Tornei-me sindicalista, militante em qualquer luta por direitos humanos e assim nessas lutas tornei-me vereadora em 1988.

Fui vereadora "bananeira", só quis um mandato, em outro momento falarei sobre a política partidária, essa surgirá na segunda parte de minhas memórias.

Mas Nina Rodrigues faz parte do meu crescimento como ser humano, aqui criei minha família, mesmo iniciando minha vida como nômade. Ao me empregar como professora, essas viagens eram somente nas férias que ia para onde meu digníssimo marido estava alojado temporariamente.

Meus alunos sempre foram os meus melhores amigos, incrível como eu sabia o nome completo de cada um, o seu pai, sua mãe, seu aniversário, todos foram importantes nessa caminhada. Foi pelo amor que sentia por eles que achei importante estudar e crescer como profissional, aqui fiz o quarto ano adicional, nessa época era como uma especialização. Em 1989 passei no meu primeiro vestibular, ia realizar meu sonho, infelizmente não consegui dessa vez, abandonei logo o curso.

Mas em 2001 consegui ultrapassar todas as barreiras e fui aprovada novamente no vestibular e fui estudar em Itapecuru, o melhor e mais importante é que fui ser colega dos meus alunos, era lindo e me sentia feliz por suas conquistas e por ter contribuído nessa caminhada de cada um desses professores. Aqui destaco somente alguns: a Nilde, Luciana, Simone, Piedade, Toinho, Maria Medeiros, Georgina, Marcia Nunes. Em 2004 realizei meu sonho e conclui a Licenciatura em Ciências — Matemática, na Uema, depois, em 2012 iniciei Pedagogia e conclui no Polo UAB de Nina Rodrigues.

Como não é minha intenção falar sobre minhas conquistas educacionais, volto a falar sobre minha bela Nina. É uma cidade pacata, infelizmente nesses últimos anos acompanhou o progresso das "drogas" ilícitas, já não se pode mais viver com tanta tranquilidade como antes.

Mas sou grata a esse povo que me acolheu com amor, a essa linda cidade que sempre foi agradável a todos os que a buscam. Obrigada, Nina Rodrigues!

Capítulo 9

MINHA CASA

Minha casa, meu palácio,
É humilde, mas tem tudo que necessito.
Para alguém que já morou em casas de pau a pique,
Sem móveis e outras coisas,
Somente a rede de dormir e quatro panelas, pratos e colheres.

Dormia em qualquer lugar,
Desde que tivesse uma sombra.
Era uma vida nômade,
Cheia de indecisões.

Porém, quando tinha um lugar meu,
Era tudo o que queria.
Lá me sentia rainha e soberana.

Hoje, nesta casa com banheiros, sofás,
Televisão a cabo, Wi-Fi, computador e geladeira,
Camas e ar-condicionado.

Quem disse que não sou majestade e rainha,
Desta linda e humilde casinha,
Com dois quartos, sala e cozinha?
Até escritório e biblioteca tenho,
Vejam quanta riqueza sou proprietária.

Aqui sou rainha e faço tudo o que desejo.
Pense num local que amo,
É a minha linda cabana e seu terreno,
Com plantas e sons da natureza.

MEU LAR

A gente pode morar numa casa mais ou menos, numa rua mais ou menos, numa cidade mais ou menos, e até ter um governo mais ou menos.

A gente pode dormir numa cama mais ou menos, comer um feijão mais ou menos, ter um transporte mais ou menos, e até ser obrigado a acreditar mais ou menos no futuro.
A gente pode olhar em volta e sentir que tudo está mais ou menos...
Tudo bem!

O que a gente não pode mesmo, nunca, de jeito nenhum... é amar mais ou menos, sonhar mais ou menos, ser amigo mais ou menos, namorar mais ou menos, ter fé mais ou menos, e acreditar mais ou menos.

Senão a gente corre o risco de se tornar uma pessoa mais ou menos.
(Chico Xavier)

Minha casa é meu cantinho preferido, aqui eu tenho tudo o que necessito, ao sair do meu casamento fiz uma promessa a mim mesma, viver somente com o essencial, no entanto, viver um dia de cada vez, e o melhor possível. Sou fácil de ser feliz, não é necessário ter bens materiais para se encontrar a felicidade, e neste meu cantinho eu sou realizada. E como fala Chico Xavier, não se é feliz mais ou menos.

Minha casa tem duas varandas, dois quartos, dois banheiros, uma sala de estar e uma cozinha, e um local especial para meus livros e computador, incluindo uma área de serviço. Móveis, só o mais importante, fogão, geladeira, cama, televisão, guarda-roupa, tem ar-condicionado e Wi-Fi. Aqui me sinto em paz comigo mesmo, não sinto falta de conforto, adoro minha companhia, não significa que sou antissocial, pelo contrário, adora ficar perto dos meus amigos.

Pretendo morar neste lugar até a hora da minha "viagem", aqui sou feliz, nada me falta. Às vezes sinto falta dos meus filhos, porém os criei para a vida e entendo que eles têm que trabalhar para dar conforto às suas famílias.

Entretanto, já morei em todos os tipos de casas que se pode imaginar para a nossa realidade de ninense, maranhense-piauiense, em casas de palha de babaçu, com paredes de taipa, somente de palha, sem piso, dormindo praticamente ao relento.

Morei em muitos lugares insalubres, moradias sem piso, sem banheiro, nossas necessidades fisiológicas eram feitas no mato. A água era de pote, caminhava quase dois quilômetros para ir buscar água no riacho Paulica. No início de minha vida de casada não sabia quebrar coco babaçu, porém após alguns cortes nas mãos tive que aprender, era aprender ou passar muita fome, muitas vezes só comia uma vez à noite, e por ajuda de Deus e da minha mãe. Mas eu podia passar fome, meus filhos não. Para eles TUDO.

Não estou dizendo que tudo em minha vida de casada foi ruim, houve bons momentos, éramos imaturos e construímos uma família muito cedo. Mas dessa união nasceram os meus bens mais preciosos, meus filhos, sou apaixonada per eles e sou capaz de fazer qualquer coisa por eles.

Capítulo 10

BENGALA AMIGA

Com passos firmes, minha bengala e eu,
Caminhando juntos, buscando o que é meu.
No joelho esquerdo, a falta de mobilidade,
Mas com determinação, sigo em minha caminhada.

Oh, doce companheira, minha fiel aliada,
Com você ao meu lado, não há estrada bloqueada.
Meu apoio seguro, meu equilíbrio e suporte,
Com você, posso enfrentar qualquer corte.

Cada passo que dou, sinto sua presença,
Guiando-me pelas ruas com paciência.
Não há vergonha em te ter como aliada,
É símbolo de força e de superação, minha amada.

Desafiando limites, ignorando fronteiras,
Com você, descubro novas maneiras.
As ruas que antes pareciam inalcançáveis,
Agora se tornam possíveis e agradáveis.

Em cada batida no chão, ecoa uma história,
De lutas, conquistas e muita glória.
Não me rendo às dificuldades da jornada,
Com você, minha bengala, sigo em disparada.

E assim, lado a lado, seguimos avançando,
Não importa o obstáculo, estaremos enfrentando.
A bengala, símbolo de meu poder,
Me traz confiança e me faz renascer.

Então, que ecoe por todas as estradas,
A poesia da bengala, sempre louvada.
Na minha mobilidade, encontrando harmonia,
Com você, minha bengala, minha valiosa guia.

FALTA DE MOBILIDADE

Um quilômetro pode ser pouco para quem faz dez, vinte, trinta, mas eles sabem a importância do primeiro km superado! Respeite as fases, comemore cada conquista por menor que seja!

(Flavia Leticia)

Nunca gostei de andar com a bengala, mas de repente me veio uma enorme gratidão por esse instrumento que me ajuda na locomoção em lugares desconhecidos ou de difícil acesso. Em maio de 2018 fiz um procedimento cirúrgico e coloquei uma prótese no joelho esquerdo, com isso minha mobilidade diminuiu, foi estranho e ao mesmo tempo constrangedor andar com uma bengala.

Nesses quase cinco anos, foi difícil me acostumar. Mas este ano de 2023, depois de tantos problemas passei a agradecer por ter uma bengala, ela me ajuda a desbravar, conforme diz o poema anterior, com ela eu subo e desço escadas, atravesso ruas, conheço o desconhecido.

O ser humano muitas vezes é ingrato, uns têm tanto e outros tão pouco. Eu tenho muito e agradeço a Deus por tudo que tenho, sou rica, não em dinheiro, mas em ter vontade de viver, ter uma família que me ama, bons amigos, uma casa, uma fonte de renda, um trabalho, sinto-me útil à sociedade, e ainda faço o que gosto, estudo viajo, sorrio, enfim, vivo e muitooooooooooo bem.

Capítulo 11

CONSCIÊNCIA

No cenário político de Nina Rodrigues,
Uma história de lutas e desafios se descortina.
Uma cidadã consciente de seus direitos,
Embarcou na política em busca de respeito.

Primeiro como vereadora, atuante e honesta,
Acreditava ser capaz de fazer a diferença.
Mas ilusões foram sendo desfeitas,
E o jogo da política revelou suas facetas.

Naquela época, o campo e a cidade viviam em conflito,
E conseguiu mobilizar a sociedade, um grande feito.
Mas na hora das decisões legislativas,
Os colegas edis só pensavam em escapativas.

Enquanto a população os pressionava,
Os projetos eram recebidos, mas pouco se realizava.
Foi um mandato cheio de intrigas e enganos,
E envolta nessa teia, sofreu grandes danos.

A doença e a internação na capital,
Nas mãos dos políticos coronelistas, o mal.
Aproveitaram-se da fragilidade de sua família,
E sua vida ficou abalada, vazia.

Os amigos a abandonaram, poucos ficaram,
E em meio à violência e corrupção, ela se encontrou.
Como vereadora que saiu ainda mais pobre, até sem moradia,
Mas ainda acreditava no poder do voto, todo dia.

Parentes na política, seguindo suas vidas,
Perdeu a fé nos assistencialistas.
Deste cenário político, ela quer distância,
Dos falsos e hipócritas, sem relevância.

Continuará exercendo seu papel de cidadã consciente,
Votando e fazendo valer suas crenças e que tem em mente.
Mas não mais dedicará a partidos políticos, mas acredita nos direitos humanos,
Somente ela acreditava, para os demais eram só planos.

O cenário político de Nina Rodrigues reflete a realidade de muitos lugares,
Corrupção e falsas promessas que inundam os ares.
É preciso repudiar e lutar por mais políticos verdadeiros,
Que honrem a ética e sejam reais pioneiros.

Que a voz do povo ecoe e inspire mudança,
Para que a política se torne uma esperança.
Um cenário em que a corrupção seja banida,
E o povo possa confiar naqueles que o guiam.

POLÍTICA

Há muito tempo deixei de idolatrar qualquer coisa ou pessoa, parei de acreditar na política corrupta, não permito que me comprem a preço algum, jamais permitirei que me manipulem, pois eu tenho a capacidade de saber e distinguir tudo aquilo que me agrada ou não.
(Rosângela Aparecida Ribeiro)

Sempre gostei de política, tenho 68 anos e nunca deixei de votar, mas sempre fui sonhadora, acredito que um mundo melhor é possível, mas que para isso precisamos votar certo; assim, sem querer entrei na vida pública. Foi no governo do saudoso Ariston Mesquita, ele sempre me dizia brincando que eu devia ser vereadora, mas em nossa família já tínhamos a tia Benildes. Essas brincadeiras foram se tornando sérias e em 1988 eu, a Iara e a Tia Benildes nos candidatamos a vereadoras.

As pessoas nos falavam que nenhuma seria eleita, a Iara quis desistir, pelo fato do meu nome estar sendo divulgado há mais tempo, porém conversamos sério e não aceitei sua desistência. Disse a ela: "Prima, se alguma de nós não se eleger não será culpa de ninguém, sim falta de trabalho, só peço que cada uma de nós respeite o eleitor da outra, eu e ela respeitamos, mas quem disse que o Edvaldo respeitou?" Tive uma ajuda inestimável, a do meu amigo Baltazar Melo, sua esposa Rosário, os filhos André, Mafisa e Bruno e toda família Melo, todos me ajudaram em votos e financeiramente, a essas pessoas meu sincero agradecimento por acreditar que poderia representá-los na política do município.

As três foram eleitas, foi uma admiração de muitos, o fato de não sermos envolvidas na política, o povo desejar mudanças, deve ter nos ajudado. Mas a política partidária nessa época, 1988, era bem diferente da política de hoje, se conquistavam votos pelas propostas e o que ajudávamos aos eleitores era com um documento, existia muita gente ainda sem registro, era um remédio, às vezes até comida, pois foram tempos difíceis.

Se fosse hoje eu não me elegeria, não tenho dinheiro para comprar votos e não ia querer fazer isso, sempre fui contra essas práticas. Fui a política bananeira, me elegi apenas uma vez e digo isso com orgulho, não conseguiria me engajar nesse modo de fazer política de hoje.

Voltando ao meu mandato de vereadora, era uma sonhadora, idealizava uma política limpa, voltada para o bem-estar da população, e com esses pensamentos tornei-me vereadora, mas encontrei uma realidade diferente e isso me revoltou. Elegi-me pelo PFL e terminei indo para o PT, que era um partido novo e estava surgindo em Nina Rodrigues e na zona rural, nas CEBs, sempre fui polêmica, meio revolucionária, uni-me aos trabalhadores rurais, entre eles podemos destacar o Riba Espíndola, seu Luís Pinto, Raimundo Teixeira, Zacarias de Moraes, Pelé, Anildo e tantos outros, impossível nomear a todos.

O bom da nossa parceria era que eu juntava muita gente na Câmara Municipal rapidinho. Entretanto, isso despertou a raiva dos políticos tradicionais, que sempre defenderam o coronelismo. Nesses quatro anos adquiri muitos amigos, porém adquiri mais inimigos.

Sempre fui impulsiva, nunca iniciava com uma ofensa meus debates, no entanto, se alguém me ofendesse teria a resposta imediatamente e em quase todas as seções eram debates acalorados e às vezes até ofensivos. O que aconteceu nesses quatro anos de mandato como vereadora foi algo que nunca consegui entender.

De repente saí do anonimato e tornei-me a política mais amada, mas também a mais odiada. Nessa época era adversária política da ex-prefeita Dona Madalena Braga, senhora a quem respeito muito, no entanto, na época era um relacionamento difícil, era a política tradicional contra a política progressista, o que era absurdo para muitos, eu passei a ser a comunista, um perigo para a sociedade e sofri muitas perseguições, no entanto, eu sofri, mas também fiz muita gente suar de medo, era o medo do novo, de uma nova forma de fazer política. Porém acabei adoecendo, sentia-me toda cheia de dores, fortes pontadas na cabeça, não existia remédio que diminuísse as dores, era algo torturante, foi quando me convenci de que não se pode confiar nem na família, meu ex-marido muito agoniado foi pedir ajuda à prefeita, ao Jones Braga (filho da ex-prefeita), e eles ajudaram-me logo, no entanto mais de um mês depois, depois que saí da clínica La Ravardiere foi que soube que esse tratamento teria um custo, o mais alto que eu teria que pagar, a minha vida política, pois tive de sair do PT, fui abandonada pelos meus "amigos", fiquei sem estímulo para voltar a fazer política, eu não conseguia ter o mesmo discurso que os demais colegas vereadores, sempre tive um grande defeito, nada pela metade, ou sou a favor ou sou contra.

Candidatei-me mais uma vez, porém não consegui pedir votos com o mesmo estímulo da primeira vez, afinal estava do lado de quem eu sempre lutei contra, ou seja, estava "vendida". Mesmo que não tenha sido eu a fazer isso, o marido o fez com toda a sua autoridade e isso eu nunca o perdoei, não pelo fato de prosseguir na política, mas de obrigar-me a fazer algo contra a minha natureza.

No entanto, nesses quatro anos, obtive muitas conquistas, vi muita gente visitar a câmara, fizemos um projeto de iniciativa popular, consegui intervir na Lei Orgânica do Município, demonstrei que o povo era dono de seu voto e poderia fazer muito se assim o desejasse.

Depois desse mandato, continuei sendo adversária da política tradicional, porém não quis mais envolver-me. No entanto ainda tinha meus amigos e eleitores que continuavam acreditando em mim, e ajudei nas eleições municipais ajudando vereadores como Riba Espíndola, Agnaldo Nunes e outros em quem acreditei. Nas eleições para presidente eu votava no Lula e seus "companheiros", votei várias vezes na Helena e Washington.

Hoje não acredito mais em esquerda ou direita, a Iara se destacou na política e eu sempre votei nela, votei no Rodrigues, e se estiver viva daqui a um ano, votarei em algum candidato que eu acredite, uma coisa é votar na família, outra bem diferente é votar em estranhos. Foi o que a política me ensinou, é melhor votarmos no parente do que no estranho. Não acredito mais que haverá mudanças, a cada dia os políticos estão mais corruptos, a desigualdade social está mais gritante e nada se faz para melhorar, pelo contrário, pioramos mais, mas sempre acreditei que "CADA POVO TEM O GOVERNO QUE MERECE".

Capítulo 12

CONSEQUÊNCIAS

Após 35 anos de casamento, enfrentei a separação,
A pior coisa que poderia imaginar, estava sem preparação.
Casei-me acreditando ser para a vida inteira,
Mas a realidade me trouxe uma nova maneira.

Minha mãe dizia: "Mulher respeitada é mulher casada",
Mas hoje percebo a quão enganada estava.
Me sentia desprezível, velha, feia e gorda,
Com a saúde abalada, hipertensa e colesterol na borda.

A separação trouxe muitas consequências à tona,
Palavras agressivas e o desprezo, o coração dilacerado, sempre à tona.
Muitos achavam que, por ser mais velha, não me levantaria nunca mais,
Que não encontraria alguém que me valorizasse, jamais.

Mas aos poucos, fui me encontrando novamente,
O estudo foi minha válvula de escape, o caminho aparente.
Perdi quilos, passei a me amar de forma intensa,
Especialização, mestrado e conhecer novas experiências.

Até mesmo em outros países eu pude estar,
Mas a separação ainda me abalava, sem poder negar.

Me recusei a ter novos relacionamentos, por medo,
Porém, com o tempo, transformando em amizade esse enredo.

No início, a raiva e a mágoa nos dominavam,
Mas aos poucos, o tempo nos tornou amigos e nos aproximavam.
Ele sempre foi parte da minha valiosa família,
Pai dos meus filhos, avô dos netos, uma ligação encantada.

Prevaleceram a amizade e o respeito no fim,
Juntos, enfrentamos os desafios, lado a lado, sim.
A vida nos mostrou que o amor pode se transformar,
E que a separação pode nos ensinar a recomeçar.

Assim, encerro essa poesia contando minha história,
Superando a separação, encontrando a glória.
Seguindo em frente, aprendendo a me amar mais,
E enxergando que o fim pode trazer novos horizontes, chorar jamais.

MINHA SEPARAÇÃO EM 2007

Não há relacionamento que dê certo quando só um tem razão, só somos valorizados à medida que nos amamos.
(Maria José Quaresma)

Foram 35 anos de casada, estava acostumada a ser casada e não desejava mudar de estado civil, mas o Ribamar queria isso de qualquer forma, infelizmente ou felizmente não consegui mudar esse rumo que minha vida tomou, o de "mulher separada". Minha mãe teve muita influência nesse aspecto, para ela a mulher casada era respeitada, por mais que o homem fosse um bosta, a gente devia arcar com as consequências de nossa escolha.

Meu casamento fracassou por culpa de ambos, eu me acostumei a aceitar tudo, mesmo não gostando eu escondia meus sentimentos. Por qualquer briga besta ele saía de casa e me deixava sozinha com os filhos para sustentar, cuidar e arcar com as dívidas que ambos tínhamos feito, os cobradores não iam cobrá-lo, mas a mim, era sempre assim o resultado de nossas brigas.

Foi assim desde o início do nosso casamento, lembro-me de que ficava a semana toda na Varginha com o Nonatinho, ele vinha ficar com os pais em Nina, aqui ele almoçava, jantava e esquecia que tinha um filho de poucos meses. Às vezes, à noite, sozinha e com medo, eu beliscava o menino para ouvir seu choro, era como se estivesse ouvindo alguém dizer: "Ei, estou aqui, sou pequeno, mas te protejo".

Que estes relatos não demonstrem que ele foi a pior pessoa do mundo, era simplesmente o Ribamar, representante da maioria dos homens, somente um homem com defeitos e qualidades. Na verdade, ele só foi ruim para ele mesmo.

Assim os anos foram passando, ele saiu de casa mais de vinte vezes, eu nunca saí, sempre dizia a mim mesma: "ele voltará". E eu ficando mais velha, estava obesa, só vivia em psiquiatras, ficava sempre em depressão.

O último lugar que morei no interior foi o Estreito em 2004, terra do meu filho Nonatinho, passei quase um ano, os meus filhos iam aos domingos almoçar conosco, era uma farra de galinhas, criamos muitas nesse curto período. Eu vendia toda semana os ovos e os frangos para comprar milho, as fêmeas ficavam para ajudar na nossa alimentação. Fazíamos carvão, isto é, produzíamos a maior parte da nossa alimentação. Eu ainda dava aulas à noite e ele também, íamos à tarde e voltávamos após as aulas, de moto ou a pé.

Em 2004 eu concluí minha primeira graduação em Matemática, convidei o Ribamar para irmos juntos à minha colação de grau, era meu sonho que estava realizando, mas ele não foi, fiquei frustrada, até aluguei uma casa pelos dois dias da solenidade, mas nunca pude contar com ele em realizações pessoais. Hoje eu entendo suas razões e não guardo mais mágoas, mas nos momentos foram difíceis de encarar, era como se fosse viúva de marido vivo.

Um dos motivos que mais nos afastou foram as bebidas, ele ficava insuportável, brigava até com o vento, eu nunca fui boa de beber e era chamada de estraga-prazer, ele não conseguia se divertir sem beber e sempre acabava mal. Quando chegava em casa era caindo, ficava se arrastando pela casa, muitas vezes nu, andando engatinhando, pois não conseguia se manter de pé.

O pior era quando eu arranjava alguém (moça) para morar em casa, ele queria todas as meninas, mas elas chegavam para mim e diziam que iam embora. O motivo é que ele nunca me respeitou, até minhas parentas ele dava em cima.

A última casa que moramos juntos foi aqui onde estou até hoje, mas dessa vez eu já sabia que estávamos no fim, avisei que se ele saísse de casa dessa vez seria definitivo, mas ele achava que poderia fazer o que quisesse que sempre aceitaria ele de volta.

No dia do meu aniversário de 52 anos, meus filhos almoçaram conosco e ele já bêbado chamou o Nonatinho para dizer que não queria mais viver comigo e que ele deveria morar comigo, só ouvi eles discutirem, o filho dizendo sempre que se ele saísse eu não o aceitaria mais, mas ele muito zangado quis até bater nele.

O resultado disso tudo foi que ele ainda ficou em casa até 7 de fevereiro, arrumou suas coisas e colocou debaixo de minha rede, era para magoar mais e acabar com minha autoestima. O Nonatinho veio ficar comigo e ele foi para a casa do filho. Levou tudo o que quis, tive que fazer um empréstimo para dar a parte dele na casa que estava morando e em julho do mesmo ano nos divorciamos e ele recebeu seus R$ 15.000, 00. Passei oito anos pagando e a cada prestação paga era um tapa na minha cara, ter que pagar para um homem viver comigo, homem este que dediquei minha juventude, minha beleza e meus mais sinceros sentimentos, ainda acho que fui a melhor amiga que ele teve.

Tanto que, após 16 anos de separação, atualmente estamos nos acostumando com sua partida prematura, suicidou-se em 26 de abril de 2023, antes cuidava dele quando estava doente, no pagamento de suas dívidas, pois nunca aprendeu a lidar com tecnologias, agora que conheci sua filha, estou tentando cuidar do futuro dela, é como se fosse para ele, afinal, ela poderia ter sido minha filha. Sua casa construída no meu terreno será habitada pela Eduarda, nossa primeira neta.

Quero deixar claro aqui neste relato que eu também fui culpada da nossa separação, sempre fomos amigos e desejo que ele esteja feliz no outro plano. Em nenhum momento tento manchar sua memória, escrevi este texto em 2020, mudei apenas o penúltimo parágrafo, pois houve o suicídio, nunca imaginei que fosse sentir tanto a sua falta. Todos os homens que passam na minha porta de moto vermelha eu imagino que seja ele, ainda não me acostumei com sua morte, apesar de tudo que houve entre nós eu sempre cuidei dele e ele também cuidaria de mim.

SUPERAÇÃO APÓS SEPARAÇÃO

Nada melhor do que a autoestima para superarmos todas as dificuldades.
(Maria José Quaresma)

Desde o dia 7 de fevereiro de 2007 que vivo o presente, no dia que o Ribamar saiu de casa às oito horas da noite, eu tive de me reinventar, como venho comentando sempre, não estava preparada para ser "mulher separada", a sensação de fracasso era terrível, doía fisicamente. Tinha vergonha de sair e as pessoas me apontarem, estava obesa e com problemas de pressão alta, colesterol, eram muitos problemas.

Mas, como sempre repito, mesmo nos momentos de desespero eu encontro forças para superar os problemas. E foi assim também, dessa vez demorou mais, nos primeiros seis meses foi muito choro escondida, nunca gostei de demonstrar fraqueza para os outros, nem mesmo para meus filhos. Mas entendi que deveria começar tentando emagrecer de verdade, me tratei na Clínica Personalitê, não lembro o nome da médica, era amiga do Luís Carlos, meu primo, comecei tomando remédio para inibir o apetite, emagreci muito, fiz uma cirurgia de abdominoplastia, fiquei melhor, minha autoestima melhorou.

Comecei a estudar minha primeira especialização pela Capem, era em Planejamento, Avaliação, Gestão e Supervisão Escolar. Nessa época já trabalhava como tutora do magistério superior das séries iniciais do ensino fundamental, meus alunos me ajudaram muito, foram verdadeiros amigos.

Em seguida iniciei a segunda e terceira especialização em Educação do Campo e Gestão Pública, não me permitia ficar ociosa, o tempo livre eu ia passar em São Luís, inicialmente ficava na casa da Iara na Cohama. Lá eu me divertia cuidando do Rafael Vale, depois foram dos eleitores da Iara, a gente ia à praia, eu passei a rir mais e adquirir mais confiança em mim.

Depois fui morar no Cohatrac, numa quitinete do Luís Carlos, era quarto, sala e cozinha, mas estava no meu canto e podia estudar muito, e isso eu fiz mesmo, ia até as três horas da manhã. No entanto, concluí as três especializações no mesmo ano e ainda fiz alguns cursos à distância.

À noite a solidão era terrível, descobri os sites de encontros e me inscrevi em alguns, conheci alguns homens cavalheiros, infelizmente a maioria era safado, eu desejava apenas conversar, nos últimos anos já não existia mais sexo entre mim e o marido, portanto, meu cérebro ignorou essa necessidade. Nos sites de encontros tive todos os tipos de propostas, de casamento a sexo virtual, no entanto, esse lado não me interessava.

Tornei-me amiga de um português de Lisboa, o José Gonçalves, era divorciado, vivia com o filho e o neto, que também era separado. Ele foi importante em minha vida, me deu atenção, carinho, no entanto, nunca nos encontramos pessoalmente em Portugal durante esses dez anos de viagem, nos comunicamos sim, por telefone ou virtualmente, porém, não tive desejo de vê-lo, não acreditava mais em homens e tive medo de me decepcionar, queria guardar uma boa lembrança dele, do homem gentil e cavalheiro. Reencontrei-o na rede social o Telegram, acho que dessa vez nos encontraremos (16/5/2022).

Acabei por optar em não conhecer o português pessoalmente, somos amigos nas redes sociais, achei melhor assim, até que ele tentou. Segundo o velho ditado "gato escaldado tem medo de água fria".

Minha meta era estudar, emagrecer, pagar minhas dívidas, poder viajar, reaprender a sorrir me deram forças para me superar e superar esse momento tão difícil.

SUICÍDIO DO RIBAMAR

Não imaginei que perder o Ribamar fosse tão difícil, na verdade sempre me preparei para "partir" primeiro.

Nesses dois últimos anos ele arranjou uma namorada em Vargem Grande, diminuiu a quantidade de vezes a me visitar diariamente, mas não deixamos de ser amigos. Depois da separação nos entendemos mais, passamos a ser mais amigos, era mais fácil, não podíamos cobrar nada um do outro, sem cobranças nossa amizade se fortaleceu, os netos nos aproximaram muito mais.

Nesses últimos meses deste ano de 2023 ele voltou a frequentar minha casa, passava o tempo deitado numa rede na varanda e assistindo vídeos do TikTok, e outros, muitos eram de "sacanagem", outros eram besteiras que o faziam rir muito, era seu maior divertimento, às vezes me irritava, pois queria que eu assistisse também.

Nesses anos de separados entendi uma coisa a respeito do meu marido, sim, nunca deixou de ser "meu marido", ele era um produto do meio em que foi criado, suas escolhas certas ou erradas eram humanas. Aprendi que mesmos separados por alguns metros de distância, nunca deixaríamos de ser uma família, que sempre podíamos contar um com o outro, nas minhas inúmeras cirurgias ele chorava junto comigo, dizia sempre que ele queria morrer antes de mim, pois eu era e sempre fui a sua melhor amiga.

    A Raquel, minha irmã, esteve conosco no aniversário do Gabriel, nosso neto, esses dias ele esteve o tempo todo conosco, almoçava, jantava, merendava, só não dormia. A Raquel viajou no dia 24 de abril, cedinho ele estava aqui e tomou café comigo, após a ida da minha irmã para Teresina, nesse dia almoçamos juntos na casa de Nonatinho. À tarde ele jantou, estava alegre "aparentemente", ficou até mais tarde aqui em casa, assistindo a seus vídeos. No dia 25 estava a tomar meu café da manhã e mais uma vez ele chegou, eu só havia feito um beiju, a tapioca tinha acabado, mas quando ele chegou terminei por dividir com ele. Pode até parecer besteira, mas foi importante, foi o nosso último café da manhã juntos, o ato de partilhar o beiju significou que ele foi e continuará sendo importante em minha vida. Nesse dia ele almoçou e jantou comigo.

    Quanto ao dia 26, ele não veio tomar café da manhã, estranhei, ele sentia o cheiro de café coado na hora, até fiz beiju e deixei um para ele. Mas tinha de ir ao trabalho e como ele não estava deixei o portão trancado, mas ele sabia que na casa do Nonatinho tinha uma cópia da chave.

    Infelizmente não o vi mais vivo, estava trabalhando na UAB e de repente o Nonatinho e Walber chegaram sérios, me pedindo para vir para casa. Sem entender a razão de tudo aquilo eu lhes falei que não iria, pois ia viajar para o aniversário do meu irmão e tinha muito trabalho a fazer, então eles tiveram de me contar tudo, ou pelo menos a pior parte, o seu suicídio.

    Eu não acreditei, ele amava muito a vida, era um homem frouxo para dor, o Ribamar que eu conheci por 51 anos não seria capaz de tirar sua vida, não sei o que o levou a isso, me pergunto todos os dias seus motivos, sei que seu envolvimento com essa mulher que ele arranjou o fez se endividar, mas ao ponto de desejar morrer é muito para minha compreensão. Às vezes acho que houve fatores externos que provocaram esse ato de desespero, mas só o tempo dirá. Uma coisa eu aprendi ao longo da vida, não existem mentiras que mais cedo ou mais tarde não se descubram.

Sabem o momento mais difícil desse dia? Foi ver meus netos abraçados a mim, me implorando que o mandasse levantar, eram expressões como: "Vó, manda o vovô se levantar, ele te obedece, vai, vó, ele vai fazer isso, só a senhora consegue". Me partiu o coração ver essas crianças me pedirem isso, acho que me deram superpoderes, quem dera eu pudesse fazer isso, pois teria feito sim, com o maior prazer. Sabe aquela história de que os netos são mais amados que os filhos? Não é verdade, os filhos são amados sim, mas a gente tem que correr atrás do sustento para não faltar nada, e os netos? Eles nos têm com mais tempo e maduros para amá-los mais, sem moderação, mimar, dar presentes, foi o que o Ribamar fez com seus netos.

E outro momento difícil? Meu encontro com ele, já no caixão, nunca me imaginei conversar com um defunto, mas nesse momento eu falei com ele como se estivesse vivo, nem me lembro mais o que falei, mas foi difícil demais, sempre achei que devido aos "meus aneurismas" ele iria me enterrar.

O mais incrível de tudo isso era que ele não tinha um problema de saúde: diabetes, hipertensão, colesterol? Tudo passava longe dele, quanto a mim, só não a diabetes, pois o restante e muito mais toda doença me ama.

Perder o Ribamar me ensinou algo muito importante, a família é mais forte que a morte, que a separação, a família é a nossa base. Graças a Deus meus filhos, noras e netos se uniram e um confortou o outro.

Na missa de corpo presente nenhum familiar do Ribamar quis falar sobre ele, eu fui a frente e falei, não lembro do que falei, apenas uma coisa eu pedi, que não o julgassem, todos somos imperfeitos, todos erramos, ele não fez mal a ninguém, a não ser para ele próprio.

Não estou homenageando-o, pois acho a vida preciosa demais, estou descrevendo o momento difícil que enfrentei com minha família e entendi que mesmo morto ele foi importante na minha vida e sempre será. Que Deus o receba com generosidade, só desejo o seu descanso.

Capítulo 13

REALIZANDO SONHOS

Em 2013, aos 58 anos,
Iniciava minha jornada, uma nova caminhada.
A tão sonhada viagem internacional,
Para estudar, almejar conhecimento sem igual.

Portugal era o destino, Vila Real, e em especial,
Na Utad, buscar meu tão desejado mestrado real.
E junto comigo, a amiga Sílvia, fiel companheira,
Sonhando e realizando, explorando novas fronteiras.

Chegamos a Porto, cidade linda e estilosa,
Uma das mais belas de Portugal, majestosa.
A viagem foi ótima, mas o medo batia forte,
Greve no aeroporto, o tempo duplicou, sorte?!!

Nossas bagagens se extraviaram, um contratempo,
Apelidamo-nos "estudantes sem mala", sem ornamento.
Mas com os conselhos sábios da Professora Lívia,
Sobrevivemos com o básico, sem precisar de extravios.

Conhecemos pessoas incríveis, amigos fiéis,
Lúcia, Bete, Antônio, Assis e tantos mais, tão leais.
Ailton, Cida, Bruna, Ignês, Socorro em generosidade,
Nomes incontáveis, corações abertos, solidariedade.

As disciplinas agora chamadas Unidades Curriculares,
E o meu tema e projeto já planejados sem desvios.
Meu orientador, Armando Loureiro, um grande profissional,
Hoje meu amigo, respeito e admiro, é um homem sem igual.

Iniciou-se a grande aventura, desbravando o desconhecido,
Mulher considerada velha, mas dentro dela, um novo sentido.
Mais bonita, mais feliz, mais amada e radiante,
Aprendi a sorrir sem medo, sem me importar com o semblante.

Nessa linda jornada, muitas coisas boas aconteceram,
Meus sonhos se realizaram, em momentos inesquecíveis.
Em julho de 2015, meu mestrado concluído com louvor,
Meu diploma registrado no consulado, símbolo de valor.

Essa história não está em ordem cronológica, eu sei,
Mas cada momento especial, você pode rearranjar, não há rei.
Afinal, essa foi a minha primeira viagem internacional,
Um capítulo inesquecível, minha jornada pessoal.

MINHA PRIMEIRA VIAGEM INTERNACIONAL

> *Aprendi por minhas forças e minhas fraquezas. Eu experimentei a empolgação dos altos e o desespero dos baixos. E a maioria dos sentimentos entre um e outro...eu aprendi coragem e aprendi por mim mesma.*
> *(Ann Stirk)*

Aos 56 anos desejei continuar meus estudos, não me entusiasmava mais fazer especializações ou cursos de extensão. Iniciei minhas pesquisas na internet, no entanto, cada vez que eu via um curso de mestrado teria que ir morar naquela cidade, pagar mensalidades altas e eu desistia, ainda estava endividada da minha separação, passei a perguntar aos professores da UFMA e Uema como fazer para continuar meus estudos. Alguns me olhavam como se eu estivesse maluca, nem me respondiam, outros enumeravam uma grande lista de obstáculos, estava desistindo. De repente surgiu o Professor Samuel Velasquez, um cubano que trabalhava no PROFEBPAR da UFMA, eu era coordenadora municipal desses cursos, e sempre que possível conseguia levar os professores para almoçar e num desses almoços eu fiz a famosa pergunta a esse amigo querido, o qual me respondeu tão naturalmente que ainda hoje rio de sua cara, mas principalmente da minha após receber sua resposta:

— Quaresma, faz teu mestrado em Portugal. É mais fácil pelo idioma e será somente no período de férias.

Ri muito e respondi:

— Professor, eu nunca viajei nem aqui no Brasil, imagine viajar para a Europa, sou professora de educação básica, nunca vou conseguir.

— Quaresma, querer é poder.

Nossa conversa parou nisso, entendi que nunca faria mestrado, esqueci, continuei meus cursos à distância. Uma tarde no final de setembro de 2012 estava lendo meus e-mails e de repente vi um anúncio de uma plataforma brasileira sobre mestrado em Portugal, cliquei no anúncio rapidamente, era a Magna, representada pela professora Lívia e seus filhos. Não pensei duas vezes e me matriculei, tinha de pagar uma taxa de R$ 200,00 e eu só tinha R$ 100, mas pedi emprestado e paguei no outro dia cedinho.

Aí começaram as dificuldades, comecei a pesquisar, e entendi que estudar em outro país era mais complexo do que imaginava. Era passaporte, eu nunca havia visto uma sede de Polícia Federal, no entanto, tive de agendar *on-line* e em dezembro já estava com o passaporte nas mãos, em março tinha de pagar a primeira "propina", mensalidade para os portugueses, eram R$ 900 reais. Em junho era para viajar.

Estava se aproximando a data da viagem e comecei a me preocupar, então de repente surge a Sílvia, perguntou-me se não aceitava que ela fosse comigo, pois ela tinha um sonho, conhecer Portugal e a Europa, eu comecei a rir, foi a resposta às minhas orações. Meus filhos não estavam encarando muito bem essa viagem e confesso que eu estava temerosa, nunca havia saído do Brasil e de repente a Europa, era para fazer medo a uma pessoa jovem, imagine a uma pessoa idosa.

A Sílvia e eu foi um casamento perfeito. Era amizade e respeito, muitas risadas das nossas gafes, medo e excitação de estarmos a viver coisas novas, ela aproveitou cada momento e eu também, cada uma de forma diferente, ela me fazia companhia e eu lhe proporcionava uma certa segurança. Assim, fizemos nossas matrículas, tiramos nossos passaportes e em 24 de junho de 2013 estávamos viajando rumo a Portugal.

Às 18h30 embarcamos no voo de Fortaleza a Porto, lá no avião mesmo conhecemos a Bete, uma amiga maravilhosa, a nossa "madre Teresa de Calcutá", ela sempre estava disposta a nos ajudar, ficamos dividindo os nossos dormitórios, incluímos a Lúcia de Fátima também.

Logo nosso quarto ficou conhecido, erámos as brasileiras que sempre estavam dispostas a ajudar alguém, sempre viajo com remédios, levamos alguns objetos que nos ajudaram a ficar amigas de outras pessoas. Era farinha, café (cafeteira), levamos até um fogareiro à energia, e aos domingos fazíamos nossas comidas brasileiras na cozinha comunitária.

A Sílvia conheceu Roma, namorou um guarda do Vaticano, fomos a Espanha, viajamos sempre que foi possível. Nessa viagem fizemos muitos amigos, mas há aqueles que sempre são especiais, como a Socorro Barros, a Silmara (falecida), Ailton, Assis, Bruna, Cida, Antônio, Coqueiro, Ignez, Rutelena etc., são muitos, não há como enumerá-los.

Sabe que é difícil a gente lembrar de coisas acontecidas. Às vezes sou emotiva demais, outras sou realista e isso torna minha tarefa de escrever minhas memórias difícil, vou tentar, está cada vez mais difícil.

Ainda há mais sobre essas viagens, outro subtópico.

AS QUATRO MOSQUETEIRAS

Nos conhecemos em 2013, junho, a Silvia e eu conhecemos a Lúcia na carrinha do João 100 Rumo, nos tornamos amigas logo, em seguida veio a Bruna, logo depois e fraturou o pé em Porto, estudava com a Lúcia caímos de amores pela "menina do pé partido" como as portuguesas chamavam nossa amiga.

Já no segundo ano do mestrado em Vila Real, junho de 2014, nessa etapa de minhas "aventuras estudiosas" éramos as "Quatro Mosqueteiras", Lúcia de Fátima, Bruna Maldonado, Sílvia de Fátima e eu, essa senhora, idosa na idade, entretanto, com uma mente de 35 anos.

Falar de minhas amigas é fácil:

Sílvia de Fátima, minha companheira de aventuras, há pessoas que acham que ela me faz viajar, enganam-se, sou eu que a convoco a seguir-me, das duas ela é a mais ajuizada, era quem me controlava. Acho que em outras vidas ela era minha mãe. Ainda vamos aprontar muitoooooo. Temos um capítulo voltado somente para essa amiga.

Bruna Maldonado, pernambucana arretada, como amo essa menina! Sua sensibilidade e vontade de viver aventuras fazem a gente gostar de minha amiga. Foram dois anos juntas e sempre rindo e vivendo cada momento que podíamos viajando. Foi uma festa e tanto. Nossa menina do "pé partido" foi por ela ter fraturado o pé em sua chegada a Porto no mesmo dia.

Lúcia de Fátima, essa é especial mesmo, faz a gente se sentir à vontade, não era só minha amiga, era confidente e me ensinou a gostar de rir. Era minha psicóloga e me ajudou a elevar minha autoestima.

Os anos se passaram, no entanto, mesmo distantes continuamos a nos amar, a sorrir, brincar e ser crianças um pouco. Falar de liberdade e realizações e não falar de vocês não tem graça e sentido.

Depois de julho de 2014 a gente se perdeu um pouco, não na amizade e companheirismo, mas cada uma defendeu sua tese em épocas diferentes e os encontros ficaram mais raros, mas a Bruna veio ao Maranhão com a Salete Maldonado, "mãe" de minha amiga.

Nos encontramos em 2016 em julho na defesa da Bruna em Vila Real, fomos jantar no restaurante Cais da Vila, foi uma noite agradável, de boas risadas e lembranças.

No mesmo passeio, no restaurante Sétimo Irmão, com o Hermínio, nosso anjo protetor, fiel amigo português que conseguimos.

Algumas escritas ou postagens sobre fatos ocorridos neste período de mestrado:

Postagem no Facebook de 15 de janeiro de 2015

RETROSPECTIIVA

AGRADEÇO DE CORAÇÃO A CADA AMIGO E AMIGA QUE ME ENVIARAM MENSAGENS CARINHOSAS NO MEU ANIVERSÁRIO.

 # DESEJO CONTAR UM POUCO DA MINHA HISTÓRIA aos meus amigos. #

No dia 14 de janeiro de 1972, completando 17 anos de idade neste dia, cheguei a Nina Rodrigues e neste mesmo dia me casei, tive 4 filhos, como só tinha o 1º Grau (hoje Ensino Fundamental) tive que estudar em Vargem Grande, 3 anos depois conclui o Magistério, foi muito difícil estudar, ia a pé, de bicicleta, as vezes ia direto para a aula, quando morava no interior, caminhava 12 km todos os dias de segunda a sexta, foi difícil, mas valeu a pena.

Minha mãe Antônia Quaresma me ajudou muito, eu não podia pagar a mensalidade da escola, porém ela nunca deixou atrasar, acreditava na educação. Quando eu pensava em desistir, ela não permitia.

Minhas primas me ajudaram muito também, especialmente a Iara Quaresma, que deixava suas amigas na cidade e ia me ajudar no povoado Varginha. Também tinha a Linda, a Socorro Machado, Josy Quaresma, Conceição Quaresma, Rosa Quaresma etc. São muitos e todos contribuíram nessa conquista, somos uma família grande e sempre tivemos muito amor pelos nossos parentes.

Ao chegar na cidade de Nina Rodrigues fui muito bem recebida, todos me acolheram, me incentivaram, me ajudaram a querer estudar mais e mais para retribuir com mais conhecimentos e dedicação aos alunos.

Foram esses alunos, hoje meus amigos, e amigas muito especiais que me estimularam a desejar adquirir novos conhecimentos. Tornei-me uma pessoa melhor, o amor sincero dessas pessoas me ajudou a ser uma pessoa respeitada na comunidade.

Atualmente estou realizando o meu grande sonho, estou a concluir o DOUTORADO em Ciências da Educação em Vila Real-Pt. Fui ousada?

Sim, na minha idade, não são todos que encaram uma viagem de quase 24 horas para chegar ao destino. Nunca tinha saído do meu país, foi um mais um desafio que consegui vencer e com a ajuda da minha amiga Silvia Nunes, uma grande amiga que tive a honra de ter, afinal, ela sempre esteve ao meu lado nas horas difíceis e das boas também. Ter a Silvia Nunes como amiga nesses últimos anos foi um presente de Deus.

Neste ano completei 63 anos, foi um belíssimo aniversário, tive uma festa extraordinária, senti-me como uma rainha, meus amigos me presentearam com tantos mimos que nunca imaginei ter. Agradeço a todos vocês meus queridos a linda festa que me ofertaram. Rafael Santos, Sílvia Nunes, Jacira Medeiros, Priscila Medeiros, João, Nataniel Macedo, Lane Monte, Augusto, Agostinho etc.

QUERO AGRADECER DE CORAÇÃO A TODOS OS AMIGOS QUE ENVIARAM MENSAGENS, TER AMIGOS COMO VOCÊS VALE A PENA.

AOS MEUS FILHOS, NETOS E NORAS O MEU ETERNO AMOR; AOS MEUS IRMÃOS Raquel Quaresma Portela e Paulo Portela E SOBRINHOS Leila e Leno SEU CARINHO E INCENTIVO SEMPRE ME AJUDARAM A VENCER.

QUE O SENHOR DEUS ME AJUDE A VENCER OS PRÓXIMOS OBSTÁCULOS QUE VIRÃO E ME DAR FORÇA PARA VENCÊ-LOS.

UM FORTE ABRAÇO A TODOS!!!!

DEFESA DA TESE DE MESTRADO EM 2015. ALMOÇO DE CONFRATERNIZAÇÃO

Em 2015, julho, almoço de confraternização de defesa das nossas teses de Mestrado, Antônio, Coqueiro, Sílvia e eu. Fomos os primeiros da turma de Educação de Adultos, Tecnologias da Educação e Supervisão Escolar. O professor Armando se destacou como um amigo, nos ajudou muito com suas orientações.

Foram dois anos de muitos estudos, foram nossas primeiras viagens ao estrangeiro, no entanto, foram anos de muitas coisas vivenciadas, novos amigos, muitos passeios nos finais de semanas, uma vez que durante a semana tínhamos aulas manhã e tarde. Mas como eu me diverti, aprendi que meu sorriso não era feio, que podia ter amigos e que esses não queriam nada em troca para serem meus amigos.

Dois anos de autoconhecimento, de autoestima, de valorização. Conheci pessoas maravilhosas, me ajudaram a perceber o valor que tenho como ser humano e como profissional. Lembro-me de que meu quarto era o porto seguro de todos os moradores do Bloco B na Residência Além Rio da Utad. Foram muitos amigos adquiridos nesse período, alguns terão um capítulo voltado para eles.

Foram minhas primeiras viagens, enfrentei muitos desafios, saí da minha zona de conforto, aprendi que independente da minha idade cronológica, eu posso ser jovem, ser feliz com meus "crecs,", sabe, estou nesta fase, são muitas dores, porém me sinto feliz.

Capítulo 14

PROVAÇÕES E CONQUISTAS

No momento em que a sede de conhecimento despertou,
Um sonho ambicioso começou a florescer.
Graduei-me aos 49 anos, determinada a continuar,
Em busca do título de doutora, eu quis me estabelecer.

Em 2016, na Utad, as aulas começaram,
Para muitos, uma conquista exagerada.
Mas para mim, era tudo que eu desejava,
Em meio ao frio assustador, minha alma arrebatada.

As cidades europeias pareciam cenário de filme,
O vento assustador ecoando em sua canção.
Deixando os assuntos de lado, voltando aos estudos,
Encontrei amigos e culturas, uma linda conexão.

Africanos, europeus e brasileiros,
Nessa jornada, juntos, nos encontramos.
Risadas preenchiam os dias intensos,
Sonhando com o frio e a neve que tanto almejamos.

Porém, em meio à bonança, uma provação chegou,
Num domingo, dia 11 de janeiro, em um momento crucial.
Desmaiei no banheiro, cercada pela escuridão,
Ao acordar, a voz e os movimentos me faltavam, afinal.

Dores intensas no coração e na cabeça,
Um peso insuportável, quase letal.
Acredito que não era minha hora de partir,
Pois todos têm seu momento, seu destino final.

Clamei por socorro e meus amigos acudiram,
Silvia e Claudionor, aflitos e preocupados.
Mas Deus me deu coragem e determinação,
Logo tomei os remédios para aliviar os fardos.

Mesmo com o frio, eu suava intensamente,
Amigos me abanavam, choravam, rezavam.
Pela manhã, o táxi do Hermínio me levou ao hospital,
Início de consultas e exames, momentos em que me entreguei à espera.

Foram tantos exames que até esqueci,
E às 22 horas, o diagnóstico veio à tona.
Três aneurismas, um deles gigante,
A qualquer instante, poderia ser minha hora de deixar esta zona.

Meu sonho foi atingido em cheio,
As cirurgias eram a recomendação médica.
Mas sem seguro de viagem, eu estava entregue ao destino,
Uma situação inesperada, uma prova trágica.

Mas Deus é maravilhoso em sua misericórdia,
E enviou meu amigo Assis como um anjo protetor.

Ele me convidou a ir a Fátima, em busca de esperança,
E na catedral, em meio à missa, eu clamei fervorosamente
ao Senhor.

Pedi a Ele a oportunidade de retornar para minha casa,
Sem problemas, com tranquilidade e paz.
Meus filhos e irmãos estavam aflitos,
Eu não queria deixá-los em tanta dor e incapaz.

E, em seu infinito amor, Deus me respondeu sim,
Minha hora ainda não era chegada, eu deveria ficar.
Retornei à Utad mais tranquila, determinada,
E, com o apoio de colegas, continuei a estudar.

Foi um período difícil, cheio de temor e descobertas,
Mas também uma lição de que nada é impossível para Deus.
Assim, narro os fatos que ocorreram,
Enfrentando mais um procedimento cirúrgico, com fé
e coragem.

Aceitei que os aneurismas fazem parte de minha jornada,
Uma parte da vida, da qual agora estou em paz.
Mas ainda tenho sede de viver, de aproveitar o presente,
Sem lembrar constantemente que um aneurisma pode ser meu
final capaz.

Assim, eu sigo adiante, com esperança e coragem,
Enfrentando os desafios que a vida me traz.
A sede de conhecimento permanece,
E viver o presente é o que me satisfaz.

2016 – INÍCIO DO DOUTORAMENTO

PROJETOS DE VIDA (POEMA)
(MEUS VOOS)

Meus voos
não são rasteiros...
são voos altos
que ultrapassam
os limites do espaço
são voos incessantes
destemidos, livres
obstinados, pensantes
são voos de céus
de mares, oceanos
reais, corporais, penetrantes
meus voos
possuem as mais belas asas
são profundos, abissais
voos arriscados
planejados, moldados
na inquietude do ímpeto
dos projetos de vida
por outra morte sentida
pela vontade inconteste de voar!
(Genésio Cavalcanti)

No início de janeiro, de 2016, exatamente em 4 de janeiro, iniciamos as aulas do primeiro período do doutoramento, era mais um sonho tornando-se realidade, muitos alunos novos, de outras nacionalidades. Porém, como sempre os brasileiros eram a maioria, e nossos colegas que nos acompanhavam desde o primeiro ano do mestrado estavam conosco mais uma vez.

Nestas memórias há alguns trechos retirados de minhas redes sociais, são momentos e sentimentos vividos naquele momento, daí sua importância. Este foi um depoimento postado no Facebook no dia 25 de janeiro de 2016:

Há momentos na vida que não dá para esquecer. O sonho do Doutoramento foi uma caixinha de surpresas, umas agradáveis, outras nem tanto.

Atravessar o Oceano Atlântico e reencontrar amigos queridos que ao longo de 3 anos conquistamos faz com que tudo valha a pena. Conquistar novos amigos, como o Caetano, um angolano do doutoramento, Suelyda, Márcia, nossos amigos de sempre, Nalva, minha amiga desde 2013, no mestrado, a Jó, Renata Moraes, Claudionor Júnior, Silvia Nunes, Coqueiro, Elizabete Távora, Antônio Madeiro Rodrigues, Assis etc.

O reencontro com nosso querido professor e orientador Armando Loureiro, um dos homens mais dignos que tive o privilégio de conhecer, nosso anjo protetor, Hermínio, um amigo especial, enfim, todos os amigos e professores que reencontramos e conhecemos neste período.

Além desses amigos, importantíssimos nessa nova etapa de vida, houve os momentos passados em Fátima, na Residência Além Rio, Shopping Dolce Vita, Porto, Vila Real, tudo isso o mais valeram a pena e superaram os momentos desagradáveis.

Promoveram uma linda festa surpresa de meu níver, foi lindo e comovente, somente a saudade de minha família me entristeceu um pouco, mas para uma senhora de 61 anos vivi momentos extraordinários, rsssss.

Pelas palavras anteriores percebe-se que eu amo estar com essas pessoas, são muito amadas. Os momentos que vivemos juntos valem muito, são uma verdadeira preciosidade.

No início da segunda semana, no dia 11 de janeiro eu desmaiei no banheiro da Residência Além Rio, foi mais ou menos a uma hora da manhã. Ao acordar do desmaio estava com muitas dores na cabeça e no coração, era como se estivessem arrancando meu coração, pedi socorro ao Claudionor e a Sílvia, eles se apavoraram, mas no momento eu não tive medo e pedi remédio para pressão alta e AAS. Mastiguei, era uma dor diferente de todas, estava toda cheia de manchas vermelhas e rochas segundo o Claudionor, o pobre até chorou, a Sílvia nem se fala, coitada da minha amiga. Ela queria que eu fosse para o hospital, mas eu como sempre sou teimosa, achava que o perigo de morrer naquele momento tinha passado.

De manhã, dia 12 de janeiro de 2016, fomos para o hospital, o taxista Herminio foi me buscar, entramos no hospital às 10 horas e saímos às 22, já diagnosticada com três aneurismas. Foi um tremendo choque, mas meus amigos me ajudaram a superar. Foi difícil entender que meu cérebro durante tantos anos abrigou vários aneurismas, foi uma porrada e tanto.

Os médicos queriam que eu operasse em Porto, mas por incrível que pareça, 2016 foi o único ano em que não fui com seguro de viagem e muito menos tinha PB4, o qual me garantia o tratamento. Senti muito medo, não por mim, mas por meus filhos, eles não poderiam ir me buscar e temendo morrer em outro país me desesperei, era como arrancar o bem mais precioso da gente, 61 anos, nunca tinha viajado e tinha muita vontade de viajar, conhecer outras pessoas, adquirir novos conhecimentos, poder contribuir com meu município, era como se tudo isso estivesse escorrendo das minhas mãos, eu tinha sede de viver, muitooooo, era a minha vez, minha oportunidade de me sentir gente, de gostar de ser mulher, de gostar de sorrir sem ter alguém para dizer que meu riso era feio ou desagradável, e de repente. Como a vida da gente é cheia de surpresas, um grande amigo me ajudou muito, não só ele, mas todos, o professor Armando chorou comigo, suas lágrimas me ajudaram a perceber que eu era importante para algumas pessoas e me fez ter desejos de lutar pela vida.

Para que pudesse ter a vida que queria eu tinha muitas coisas a fazer, me cuidar mais, deixei o cigarro, me apeguei ao presente, viver o momento e isso meus amigos me ajudaram muito, mas em primeiro lugar DEUS, que me deu forças para dar continuidade a essa luta. Não foi fácil, por isso mesmo é que me acho a mulher mais rica do mundo, de dinheiro?

Não, kkkk, tenho vários empréstimos, mas de amigos, que passaram na "peneira" das dificuldades e percebi que minha riqueza era o melhor dos muitos bens materiais. Já nomeei alguns amigos, consegui outros no decorrer desses anos, e todos são importantes, me levantam o astral quando estou depressiva, ficam me instigando a escrever, sempre sou cobrada por "esse livro"

Como citado antes, aqui tem alguns textos publicados na Facebook:

TEXTO PUBLICADO EM 08 DE FEVEREIRO DE 2017 - FACEBOOK

Saudades!!!! Uma palavra que para muitos tem significados diferentes, neste momento para mim tem significado de nostalgia, de coisas que dificilmente ainda viverei. Mas se olhar pelo lado otimista, sou uma pessoa privilegiada, em 6 anos consegui viver muito mais do que muitos conseguem durante a vida inteira. Não me arrependo de nada do que fiz nestes últimos anos, pelo contrário, me arrependo do que não tive coragem de viver.

Uma vida bem vivida, ainda que por breves momentos vale muito mais do que uma vida medíocre. Que Deus permita que ainda possa me aventurar a coisas que são importantes para mim, é essa vontade de reviver momentos livres e felizes que estão me incentivando a lutar com garra e vontade de vencer, e vencer em todos os sentidos, as doenças, o pessimismo, a depressão, até mesmo a morte, sou presunçosa, rsssss, mas é essa vontade de viver que move meus dias e não os transforma em pesadelos.

Atualmente estou vivendo no limite, mas se me perguntarem se estou infeliz digo que não, pelo contrário estou muito feliz, vivendo um momento bom como educadora o que sempre fui

Com o esforço de muita gente e o meu também consegui realizar meu maior sonho, tornar possível uma graduação para muitas pessoas. Isso me alegra e me faz sentir a sensação de estar cumprindo uma etapa de vida, uma missão que sempre levei muito a sério.

Feliz por ter a oportunidade de buscar tratamento para me curar, isso é maravilhoso! Deus é minha fonte de inspiração e sei que a sua mão divina vai guiar os médicos a me curar. Eu creio nisso com tanta fé que sei que em breve farei o que sempre fiz: EDUCAÇÃO, FAMÍ-LIA, AMIGOS, TRABALHO, PORTUGAL, DOUTORADO.... OBRIGADA MEU DEUS POR SUA INFINITA BONDADE COM ESSA VELHA MESTRA.

Nestas memórias não cabe uma linguagem acadêmica, segundo meus filhos as pessoas não leem meus livros por serem muito técnicos, aqui são palavras usadas no cotidiano, são sentimentos, crenças e cultura, essa é a Mazé. A Maria José Quaresma era mais séria, tudo sempre foi difícil para ela, então na melhor idade surgiu a Mazé, somente meus amigos mais queridos me chamam assim e a conhecem, mas essa é alegre, tem vontade viver e rir, de passear, amar, não tem medo, a outra sentia muito medo.

EU E RAFAEL, RAFAEL E EU

Conheci o Rafael em julho de 2017, foi amor à primeira vista, simpatizamos um com o outro e logo estávamos como amigos de infância. Em janeiro daquele ano descobri que tinha vários aneurismas e que poderia fazer a "viagem" a qualquer momento. Ao conhecer o Rafael muitas portas se abriram, eu queria viver o momento, sem pensar no amanhã, e o Rafael me proporcionou esses momentos.

O Rafael é um jovem de 32 anos que parece uma criança, amo este jovem pelo carinho que sempre me cerca, seu cuidado com essa idosa. Me leva para passear só eu e ele, difícil de se encontrar um jovem de sua idade que goste de andar com uma senhora de minha idade e ainda mais com problemas de mobilidade.

Já me hospedei em seu apartamento três vezes e sei que sempre tenho um lugar em sua vida. Com ele me sinto jovem e cheia de energia.

Me cerca de coisas novas, me dá presentes, se preocupa comigo, aí da Sílvia se não cuidar bem de mim, ele briga logo com ela, coitada de minha amiga, como se fosse responsável por uma idosa de 35 anos mentalmente, porém com 100 anos no corpo, é a idade do "crec", para andar, deitar-se, sentar, levantar.

Falar do Rafael é fácil, é meu filho mais novo, que cuida de mim como se fosse uma preciosidade. Obrigada, meu amor, pela tua existência em minha vida. Ainda vamos nos divertir muito, fazer o nosso cruzeiro e conhecer outros países.

DIA 10 DE JANEIRO DE 2020

DEFESA DA MINHA TESE DE DOUTORAMENTO

Escrever uma tese é complicado, requer muito estudo, leitura, pesquisas, noites sem dormir. Mas, apesar de complicado, é a realização de um sonho, um desejo que se tem ao se frequentar um curso de doutorado.

Minha fase de escrita iniciou logo em 2016, na escolha do tema e do meu orientador e mais uma vez o escolhido foi o Professor Armando, *"time que ganha não se mexe"*. Primeiro veio o projeto, me qualifiquei em julho de 2017. Então iniciou-se o processo de organização, veio o sumário, este foi aprovado pelo orientador, e seguiram-se então as pesquisas, fichamentos, leituras e digitação. Eram noites sem dormir, mas valeu a pena.

Três longos anos de estudo, em 2019 encaminhei a tese pronta para a defesa, depois da confirmação do Professor Armando. Os membros do júri foram escolhidos de acordo com sua especialidade, como o tema da minha tese era "Evasão escolar na educação a distância: um estudo de caso da Universidade Aberta do Brasil em um polo de um município do Maranhão", os professores eram especialistas em educação de adultos, alguns também em educação a distância e tecnologias educativas.

Após cinco meses, ou seja, em maio de 2019, estes encaminharam os ajustes, e como deu trabalho, eram as opiniões de cinco pessoas e tive que atender a todos, em agosto estava pronto, mas tinha que aguardar todos terem disponibilidade para ir para estarem juntos na Utad. Assim, minha defesa foi marcada para 10 de janeiro de 2020. Viajamos em 23 de dezembro de 2019, eu tinha que me preparar estudando e psicologicamente.

No entanto, as coisas não acontecem como desejamos e sim como devem ser, em 24 de dezembro, em Paredes, na casa da Vanila, a Raquel se acidentou, foi para o hospital, quase morri de preocupação, medo de perder minha irmã. Ficou difícil me concentrar, ela quis voltar logo para o Brasil, assim, os dias foram passando e a preocupação aumentando, mas Deus sempre esteve ao meu lado e no final deu tudo certo, a Raquel voltou com o auxílio de uma aeromoça da TAP, e fui para Vila Real estudar e receber orientações de Armando.

Na véspera foi tenso demais, já tenho problemas de insônia e com a defesa para **às** dez horas, à noite foi somente ensaio, caminhada, comida, oração e muita angústia, medo mesmo.

As cinco horas da manhã, olhando-me no espelho no meu quarto comecei a pensar *"quem vai defender essa tese sou eu, escrevi cada palavra, estudei esse tema durante três anos, ninguém mais do que eu entendo o que escrevi"*. Nessa hora deixei de ter medo e dormi, quase perdi o horário, o Rafael e Antônio quase me enlouqueceram, tive que me ajeitar correndo.

Cheguei na hora exata de entregar os slides para a defesa, cinco minutos depois todos já estavam em fila, pense num momento difícil. Todos com suas togas, era muita formalidade e exatamente às dez o presidente dos jurados, Professor Dr. Tibério, iniciou o processo, deu-me exatamente entre 15 a 20 minutos para defender o trabalho de quatro anos de estudos.

Acho que consegui dar o meu recado, em seguida veio o Professor Carlos Fino, da Ilha da Madeira, que iniciou seus questionamentos me elogiando, até me googlou, conhecia tudo sobre esta humilde professora, imaginei que o homem tinha gostado de mim. Depois foi chumbo grosso, pegou pesado, não acreditava em educação a distância, os demais membros me questionaram, fizeram suas intervenções, porém respondi a todos, era o que pensei antes, eu tinha estudado, pesquisado, entendido sobre a temática, não me preocupei muito, sabia que faria o melhor possível.

Após três horas de defesa nos solicitaram a saída para discutirem minha nota. Então, 15 minutos depois retornamos à sala e fui contemplada com a nota excelente, um conceito atualmente utilizado pelos portugueses, antes eram notas de 1 a 20 valores, em que 20 equivale ao 10 aqui no Brasil.

Foi um dia de muita tensão, mas de realizações, sabe aquilo que se deseja a vida inteira? E aos 65 anos a gente realizar? A noite jantamos com amigos num restaurante chique, segundo o Rafael, este meu amigo e sua mania de chiqueza. Às vezes um bom prato de arroz com feijão e ovo vale muito mais. Mas como sei que o Rafa me ama, estava feliz da vida por essa conquista.

Foi um período de alegrias, tensões, desespero, pelo acidente da Raquel, mas no final todos conseguimos superar nossas dificuldades e foram vitórias importantes, a defesa do Antônio, Coqueiro e Silvia, todos se tornaram doutores, são vitoriosos e estamos de parabéns por nossas conquistas acadêmicas e pessoais, pois o doutoramento para mim e Coqueiro foram realizações pessoais, não farei mais nenhum concurso público.

Em 31 de janeiro de 2020 voltamos ao Brasil, já estava em início da covid-19, muita gente já usava máscara, foi um início de ano muito bom para mim e meus amigos, mas para o mundo se iniciou um verdadeiro terror, pois foi um massacre que transformou o mundo, não importava se o país era rico ou pobre, o isolamento, a falta de trabalho, de comida, de hospitais transformaram o mundo num terror.

Algumas observações sobre esse vírus mortal: ricos e pobres morreram, demonstrou que o dinheiro não importa nessa hora, a solidariedade salvou muitas vidas, os profissionais da saúde são heróis que merecem nosso respeito, e as tecnologias nos ajudaram a manter nossa saúde mental.

14 DE JANEIRO DE 2020

*ANIVERSÁRIO EM VILA REAL
NO APARTAMENTO DO RAFAEL*

Postagens no Facebook que fazem parte de minhas memórias!
15/01/2020

AGRADECIMENTOS

Gostaria de agradecer a todos os amigos e amigas que tiveram um tempo para me felicitar pela passagem do meu aniversário!

Não sou a heroína que muitos julgam, pelo contrário, sou uma pessoa cheia de defeitos e qualidades como qualquer outra.

Em nosso Brasil existem milhares de Marias ou Joãos anônimos, esses também têm suas conquistas e derrotas e lutam muito para realizar seus objetivos.

Sou apenas uma dentre essas Marias que luta e vive o cotidiano focada em atingir seus objetivos, alguns eu consegui e outros não. Fico frustrada? Fico sim. Não seria humana se não ficasse.

Às vezes me questiono se é bom ser exemplo para outras pessoas, é muita responsabilidade, a gente não pode errar, e como ser humano a gente erra muito.

No entanto, fico lisonjeada com o carinho e admiração de meus amigos e familiares.... Enquanto isso vou vivendo o presente da melhor forma possível.

Obrigada a todos os amigos e amigas! Obrigada a minha família!
OBRIGADA MEU DEUS!

14 DE JANEIRO DE 2021

MEU ANIVERSÁRIO

Hoje estou aniversariando, 66 anos. São muitos anos para muita gente, para mim é pouco, quero viver mais, foi na terceira idade que descobri o prazer de viver. Quem disse que este prazer reencontrado agora é fácil de achar, é maluco.

No meu caso foi quando descobri que tinha vários tipos de comorbidades, como o cérebro cheio de aneurismas, o joelho pronto a ser substituído por titânio, a redução de estômago, vesícula, hérnias etc., mas foi justamente neste tempo que descobri que tinha mais força do que *imaginava, vi que apesar de tudo eu desejava viver, e através de minha fé em Deus adquiri muita força para vencer os obstáculos*

*Há dias em que penso em desistir, são muitas dores, falta de mobilidade, mas a mesma força que me fez superar as doenças e procedimentos cirúrgicos me invade e minha fé se restaura, então continuamos, eu, minhas dores e **CRECS** e a vontade de viver, de trabalhar, viajar, estudar...*

Continuo pobre de bens materiais, no entanto, sou rica em conquistas: (mestrado, doutorado, viagens, muitos amigos), uma coisa aprendi com minha mãe, foi a valorizar o ser humano como se apresenta, não pelos seus recursos materiais, não suporto ostentação, vivo muito feliz em minha casinha, tenho tudo o que preciso, gosto de minha companhia, e o mais importante, tenho uma família maravilhosa, muitos amigos verdadeiros, essa riqueza não se adquire com dinheiro, por isso me considero milionária.

Hoje estou cheia de dores, entretanto, estou feliz, desde cedo recebo felicitações, agradeço de coração a cada amigo que me enviou uma mensagem de carinho. Aos meus filhos, netos e noras o meu amor, aos meus amigos lindos que estão espalhados em todo o Brasil e em alguns países, o meu carinho e fidelidade. Que Deus me permita viver mais, viajar e estudar muito mais. O céu é o limite para uma bela senhora de 66 anos, rsrsrsrs.

5 de agosto de 2022

Hoje a realidade da vida me deu uns belos tapas, rsrs, mas como meu destino foi escrito por Deus e ESTE me deu livre arbítrio, penso nas coisas boas que vivenciei e acho que ainda há muito a mudar, transformar, reinventar, ficar esperando a morte é que não é possível, pois a Mazé que eu sou não se entrega fácil.

O primeiro desafio de hoje foi enviar um e-mail para meu querido amigo Armando Loureiro, sempre fui boa de escrita, mas essa foi difícil, ufa.

Vejamos seu conteúdo:

Bom dia, meu amigo querido!
Desta vez agi como medrosa, rsrsrs.
Não tive coragem de me despedir de você como sempre fizemos. Minha estadia em seu país nesta temporada foi diferente.
Sempre fui a estudos e somente em finais de semana saía com os amigos para conhecer alguns sítios, no entanto, desta vez fui para me divertir, mas....
Deparei-me com minha limitação na mobilidade e fiquei frustrada, percebi que funciono somente na pressão, enfrentando desafios que superam minhas limitações.
Fiquei com medo de te encontrar mais uma vez e ao despedir-me chorar, pois desta vez poderia ser um **adeus** *e queria me lembrar sempre desse português «porreta», o cara mais incrível que conheci nestes últimos 10 anos.*
Falar de você é fácil para mim e outros colegas, mas considero-me especial rsrsrs, acho que foi todo o contexto, o da descoberta da minha doença, as várias cirurgias, os momentos e encontros para as orientações, os almoços, nossos cigarros nos intervalos entre as aulas, enfim, foram muitas pequenas coisas que no final se tornaram grandiosas.
Lembro-me que em 2013 ao chegar em Vila Real e na minha primeira aula magna você foi o escolhido para ser meu orientador, ainda nem sabia seu nome, mas tinha gostado de sua apresentação, no decorrer desse tempo fomos nos aproximando e surgiu uma linda amizade, com respeito e admiração.
Foi durante este tempo que aprendi a sorrir e entender que sou uma bela mulher, não em beleza física, mas nos valores e profissionalismo, posso fazer mais, sou capaz, o que aprendi nestes anos foi muito importante para o meu crescimento pessoal e profissional e todo esse contexto foi vivenciado por você também.
Tenho muitas coisas a te dizer e por isso temi te encontrar, sou uma manteiga derretida com as pessoas que amo, e chorar não é feio, o problema é arrumar a cara, kkkkk. Sem brincadeiras, tive medo de te ver e cair no choro dentro do restaurante e fazer feio...

Não esqueci o sonho do Pós-doutoramento, no entanto, ainda estou analisando se será viável, não tenho problemas para fazer o projeto, meu medo é o deslocamento para vosso país, desta vez foi mais difícil.

Vou planejar com a Sílvia e se for viável passar um período aí, iremos juntas, estou aqui e sinto-me perdida, o estudo me incentivava a querer viver, acordar, não me incomodar com as dores e a incerteza do meus "aneurismas", agora estou sem rumo, e era justamente isso que eu temia, está difícil essa readaptação, estou com saudades de você, da professora Otília, da Utad, acho que não consigo viver mais sem vocês.

A Sílvia me falou que você deseja falar comigo urgente, estou a sua disposição meu amigo querido.

O que ainda posso te dizer??? Muito....

Mas... não tenho mais coragem, abraços de uma idosa que te admira e sente muito respeito e carinho.

Mazé

A cada ano e cada viagem nos despedíamos com um almoço ou jantar, desta vez fui covarde e não tive coragem de convidá-lo, temia dar um show no restaurante, estava muito emotiva, afinal em Vila Real vivi os melhores momentos desses últimos 10 anos.

Há sete dias estou em casa, neste período estou a esconder-me, de quem? De mim mesma, do que desejo, das minhas inquietações, será que é esta vida que desejo? Comer um pouquinho para não engordar, pois se isso acontecer ficarei na cadeira de rodas, dormir, ler, ir ao polo da UAB e voltar para casa, aqui ficar a me perguntar se a vida está boa, afinal nada me falta. Será?

Vou ter que refletir muito sobre esse desânimo, ao longo desses anos não me deixei desanimar. Mas nessa semana parece que cheguei ao fim da linha, estou velha demais? Minha limitação está me impedindo de viver?

A minha amiga Jacira acha que ainda tenho muito a viver, será? Sei lá. É uma época difícil, às vezes penso que posso fazer muito mais, há dois dias comentei com um amigo que cometi um grave erro depois da minha separação, foi de fechar-me a um novo relacionamento, não confiei mais nos homens e não se pode generalizar, há homens e Homens, se tivesse alguém agora poderíamos aproveitar a vida em viagens e realizando coisas em comum, teria alguém para conversar, compartilhar nossos sonhos, acho que hoje estou melodramática demais.

    Acho difícil escrever este livro. Eita, coisa difícil, escrever uma tese é mais fácil.

Capítulo 15

VERDADEIROS TESOUROS

Amizades verdadeiras, o maior tesouro da vida,
Muitos amigos e amigas ao meu lado, sou uma mulher milionária.
Mas verdadeiros amigos vão além da riqueza material,
Fidelidade e solidariedade, são os critérios para avaliar.

Mesmo que a quantidade diminua, a fortuna permanece,
Pois aqueles que ficam são verdadeiros tesouros, que enriquecem.
Mais valiosos que joias, pedras preciosas ou dinheiro,
Amizades verdadeiras não têm preço, são um tesouro verdadeiro.

Então, quero homenagear meus amigos,
Cada um com seu tesouro especial,
Sílvia, esforçando-se para estar comigo,
Rafael, único e sem igual.
Jacira, amiga dedicada e firme,
Socorro, Nalva, Bete, Antônio, Armando e Rosiomar,
Coqueiro, Márcia, Paula, Jaciel e Niel,
Não consigo nomeá-los, são muitos, graças a Deus, sem parar.

E minha família, o tesouro mais valioso,
Filhos e netos, noras e sobrinhos,

Irmãos e irmãs, uma bênção, um deleite,
Sou rica, graças a Deus, com carinho.

Enquanto alguns valorizam o dinheiro,
Eu valorizo os amigos verdadeiros, raros por inteiro.
Cada um com suas características, únicos e diversos,
A verdadeira essência da vida, o Criador disperso.

Viva o amor e os amigos,
Eu, com certeza, sou uma mulher rica,
Com amizades verdadeiras, não me falta nada,
Neste poema, minha gratidão fica.

Amigos II

Entre amigos reais me sinto bem
Aqueles que me cercam e me querem tão bem
São eles que mostram quem de fato sou,
Se verdadeiros amigos ou apenas vou.

Porém, se não vejo valor em suas ações
Prefiro minha própria companhia, sem ilusões
Como diz o ditado, prefiro estar só
Do que com gente que não merece meu pão

Estar com amigos é maravilhoso e profundo
Mas antes, é preciso amar a nós mesmos,
Pois se não nos amarmos, como ser uma boa companhia?
Prefiro estar só a me perder em negatividade vazia

O tempo tem sido meu professor fiel,
Ensinando que todos são importantes, afinal.
Mas para ser meu companheiro de aventuras e emoções,
É preciso encontrar alegria e amor nos corações.

Estar com amigos é um presente sem igual
Mas que sejam pessoas que valem a pena, afinal
Gente positiva e cativante, repleta de luz
Que agregam, que respeitam, que fazem jus

Assim, organizo minhas ideias e me deixo poetizar
Exaltando a importância de boas amizades e amar.
Escolhendo sabiamente quem permanece ao meu lado,
E preenchendo minha vida com sorrisos e afeto de verdade,
lado a lado.

AMIGOS

Um dos maiores consolos desta vida é a amizade. E um dos consolos da amizade é ter a quem confiar um segredo. No entanto, os amigos não são um par, como os esposos. Cada um, genericamente falando, tem mais de um. Há homens privilegiados que contam centenas deles.
(Alessandro Manzoni)

É bom tê-los, no entanto é difícil encontrá-los, nestes 68 anos de vida tenho 3.450 amigos no Facebook, porém, amigos verdadeiros a gente sabe que são raros. A palavra amigo tem um significado específico, *"é um indivíduo que mantem um relacionamento de afeto, consideração e respeito por outra pessoa"*. O amigo é leal, protege, confia, está presente em todos os momentos, não somente nos bons.

Quando criança tive poucos amigos, meus pais eram seletivos, não me permitiam visitar colegas e muito menos ser visitada, só podia ter amigas mulheres, minha grande amiga de infância era a Toinha Botelho de Esperantina, depois conheci minha sobrinha Teresinha, as demais eram pequenas. Então, de amigas mesmo em Esperantina só tive essas duas, as demais eram colegas, fazíamos e apresentávamos trabalhos, mas marcante mesmo eram essas duas, fizeram parte da minha vida até os 12 anos, depois vim para o Maranhão e uma nova etapa iniciou, foram novos amigos e colegas.

Em Vargem Grande foi uma época difícil, era adolescente, tinha perdido meu pai, não era muito dada a conhecer muitas pessoas, mas fiquei amiga das minhas primas, entre todas se destacam a Iara, a Socorro Machado (Moreira), a Linda, Esperança, Graça, Antônia, Angélica, Vanila, Conceição, minha Rosinha, minha caçula. Os meus primos também foram meus amigos, moravam conosco, dividíamos tudo, éramos uma grande família, às vezes brigávamos muito, mas meia hora depois a gente esquecia e todos continuavam se amando.

Saindo do seio familiar, nossos vizinhos eram pessoas maravilhosas, a Alice do seu Deco era uma amigona, as meninas do seu Chico Pinto também, eram muitas e todas nossas amigas, tive amigas de escola, na verdade eram mais colegas, mas havia carinho e respeito. No entanto, lembro-me com carinho da Conceição do seu Sebastião Silvério, minha mãe me permitia passar férias com sua família no interior, foram ótimas temporadas, seus irmãos e irmãs eram maravilhosos. Também destaco a Nega, a Maria Francisca Magalhães, esposa do Oto, que também foi um grande amigo. Não posso esquecer meu amigo Julimar Portela, Ademir, Adalto, Zé Roque e Radiel, Jurandi, Ilma, Detinha, Zé Rubens, Maria Pequena, Bernardete, José Máximo etc. Não há como nomeá-los todos.

Entre esses amigos citados, poucos permaneceram presentes, minha vida mudou, fui morar na Varginha, era outra realidade, a da vida de quem tem que correr atrás do pão nosso de cada dia, mas nunca perdemos o contato e o carinho um pelo outro. Alguns foram embora e já recentemente foi que nos reencontramos nas redes sociais, destes cito o Julimar e o José Máximo Medeiros.

Em Nina Rodrigues ao iniciar minha vida de casada também tive amigos e amigas, sim, tive amigos, mulher casada pode ter amigos, só gente preconceituosa é que acha que não. Como essa mulher aqui nunca se preocupou com a opinião de gente hipócrita, teve grandes amigos aqui.

Inicialmente encontrei os amigos na casa dos meus sogros, minhas cunhadas, a Teresa eu já conhecia, os demais a vida nos aproximou, mas entre estes amigos eu destaco a Dona Alba, minha sogra era uma grande amiga, nunca ficou contra mim, sempre me apoiou, meus cunhados também, mas o João era especial, o Jorge era o filho mais velho.

Nos interiores onde morei fiz muitos amigos, sempre tentei ajudar, nunca fui grosseira com os vizinhos, na Volta do Mundo conheci muita gente boa, mas a Comadre Júlia e o Compadre Zezico se destacaram, a Maria da Conceição também era uma amigona.

Na Varginha eu destaco o Diógenes Borges, esse era um amigo fiel, um pai de coração, dizia que tinha cuidado de mim quando criança e depois de casada ele me ajudou muito, sua esposa também foi maravilhosa. Veio a Dona Maria Loura, seu Batim, compadre Valdimiro, foram muitos.

Na vida profissional eu também fui aceita e fiz grandes amigos, os meus colegas professores demonstraram sempre carinho e respeito. Inicio pela nossa diretora Dona Francisca, a Assunção Sena, a Ismeraldina, Dona Teresinha Correa, Dona Soledade, Madalena, Cita, Durvalina, Maria Arcângelo, Socorro Araújo e Socorro Braga, Lúcia, Áurea Diamantina, Engrácio, João (Dão), Batista, Ilton, Iracema, etc. Iara nem se fala, sempre fomos mais que amigas, irmãs, primas, comadres, sempre contamos uma com a outra na hora necessária.

Na Igreja Católica, o fato de me engajar me ajudou a arranjar novos amigos, mas também desafetos, talvez nem seja esse o termo certo (eu sempre fugi dos padrões, encarar desafios era a minha tarefa predileta), mas mesmo nesse cenário consegui ter muitos amigos, mas por incrível que pareça, foram os jovens que se tornaram mais amigos, lógico que havia respeito, consideração e carinho entre todos os que estavam nesta caminhada. Fui catequista, presidente da comunidade, dirigente do clube das mães e dos jovens. Esses se destacaram na minha vida, por gostarem muito de mim, sempre tentei fazer com que eles se orgulhassem de mim, para isso estudei mais, trabalhei dobrado, mas a amizade que tínhamos valia a pena.

Dessa época posso destacar o Totô, Antônio José, Selma, Manin, Maria Amélia, Jânio, Blecaute, Silva (Dadato, nessa época), Toni, Clemilton, Socorro Braga, não há como lembrar de todos, mas foram muitos e todos queridos.

Na política eu imaginei que tinha mil amigos, porém, sempre tem, ficaram poucos depois da minha doença, a partir daí deixei de acreditar em gente que prega muito e pouco faz. Essas ocorrências serviram para me fazer entender que a gente é rico quando tem um amigo verdadeiro, na verdade ter pelo menos um amigo de verdade nos torna bilionários.

Podem até pensar que estou amarga, nada disso, de cada passagem dessas eu aprendi uma lição de vida, e estas são preciosas para o meu amadurecimento.

Agora vou comentar sobre os melhores amigos que já tive em nossa cidade, meus alunos, sim, estes sempre demonstraram seu carinho e confiança. Foram os alunos que nestes 51 anos de magistério que atualmente tenho que me fizeram desejar melhorar como ser humano e profissional. Por eles eu estudei mais, li mais, trabalhei mais para poder superar suas expectativas.

Existe um detalhe em minha personalidade, nunca quis ou aceitei ser "mais ou menos", eu nunca preparei uma aula somente com um livro, nem confeccionava somente um material, sempre existiam mais de uma perspectiva para tornar nossos momentos agradáveis. Nada me deixava mais feliz do que encontrar um aluno que estudava fora e me dizia: "Professora, eu não tive dificuldades nenhuma na sua disciplina, parecia que a senhora estava me falando tudo aquilo", para muita gente não significa muito, mas para esta velha educadora esses depoimentos significam muito, é sinal de que não fui medíocre, sempre aconselhei meus alunos amigos a escolherem algo que lhes desse prazer, pois seriam sempre destaque.

Ao estudar em Itapecuru, na minha primeira graduação fiquei encantada ao me deparar com muitos ex-alunos, era muito orgulho saber que contribuí no desenvolvimento educacional daquelas pessoas e que estavam sendo meus colegas. Destaco nessa época a Nildes, Luciana, Lúcia, Zitinha (amiga e colega de profissão), Lara, em Itapecuru tivemos amigos de lá, mas aqui meu carinho vai para o Francisco, nosso amigo dos trabalhos.

Agora vamos falar da maturidade, apesar de todas as doenças que adquiri nesta fase de vida, foi a melhor época vivenciada por essa velha mestra, sempre gostei de ler, e em minhas leituras na adolescência e depois de adulta eu sentia que havia pulado etapas, essas eram simples, uma noitada com amigos, um vinho para nos alegrar, uma viagem para conhecer algo novo, e principalmente: UMA REPÚBLICA DE ESTUDANTES. Pois é, consegui realizar todos esses sonhos após os 58 anos, são ou não motivos para comemorar?

Em 2013, na minha primeira viagem internacional, no meu mestrado eu conheci pessoas incríveis, ainda somos amigos, e ao longo destes dez anos de estudos e viagens fui amentando o número de amigos, hoje me considero trilionária. Nesse aspecto, eu sou diferente de muita gente, riqueza para a maioria das pessoas normais é ter dinheiro, ser da elite, ter *status* social, eu não dou a mínima para isso, sou muito mais feliz em vestir uma roupa confortável, pegar um ônibus e viajar para um local que gosto ou vou conhecer. Nessas andanças, conheci e me tornei amiga de muita gente. Aqui destaco somente algumas, Socorro Barros, Lúcia de Fátima, Bruna, Elizabete Távora, Nalva, Jacira, Priscila, Fabíola, Rosiomar, Antônio, Assis, Domingos, Tierry, Ailton, Coqueiro, João, Armando, Nataniel, Lane, Solange, etc.

E quem estiver lendo vai dizer: e a Sílvia? Esta merece algo só dela, é mais que amiga. Mas e Rafael? Este é meu amor, meu filho de coração, já o homenageei anteriormente.

Ter dinheiro é bom, mas ter amigos verdadeiros é melhor, citei muitas pessoas que fazem parte das minhas relações, porém sei que alguns têm outros interesses, não sou iludida assim para me achar a tal, mas entre essas pessoas citadas tenho pessoas que posso me considerar amiga de verdade.

Existem amigos sem os quais a gente fica em situação difícil, quando não tem, os familiares, com estes eu sempre pude contar, meus filhos são meus melhores amigos, minhas noras não são noras, são filhas de coração e amigas, meus netos são demais, meus irmãos eu sempre pude contar com seus apoios. Dediquei este capítulo para falar somente de amizade, pois a considero o que nos diferencia numa situação, num ambiente, em qualquer ocasião, nossas atitudes são de acordo com essas pessoas que fazem parte de nossas vidas.

Sei que tenho muita coisa para reclamar, como a falta de mobilidade, mas ainda ando, é ótimo, os aneurismas, estou aprendendo a conviver e posso pagar um plano de saúde para tratá-los, como pouco, sim, mas tenho comida, minha casa é simples, mas esta atende às minhas necessidades, não tenho dinheiro, mas viajo, vou a um restaurante, passeio, faço o que gosto, tenho ou não motivos para ser feliz?

Eu mesma respondo: sim, eu tenho todos os motivos do mundo para ser grata a Deus. Há momentos em que estou triste, sim, muitos, tenho medo? Sim, muito medo, agora por exemplo, estou apavorada por mais uma cirurgia. Sinto solidão? Sim, muita, mas também gosto de minha companhia, "antes só do que em mal companhia".

Capítulo 16

ANIVERSÁRIO DA SÍLVIA

Minha amiga querida, Sílvia de Fátima,
Que está celebrando seu aniversário hoje!
É maravilhoso ver a profunda conexão e amizade que temos.
Que essa mensagem especial toque seu coração
E demonstre o amor que temos.

Parabéns para Sílvia,
E que tenha um dia repleto de alegria,
Amor e felicidade!
Que seja sempre abençoada e guiada por Deus,
Com muita saúde, sabedoria e determinação.

Que o presente mais precioso que possas receber,
Seja a presença de pessoas amadas ao seu lado,
Em todas as etapas da sua jornada.

Desejo que a nossa amizade continue florescendo,
Sílvia, que teu futuro seja brilhante e próspero.
Feliz aniversário, minha amiga especial!

MINHA AMIGA SÍLVIA

Amiga é uma coisa muito especial. Amiga de verdade dá sem pensar no que vai ganhar em troca. É aquela que chora do seu lado e te apoia, por mais retardado que for o motivo.

> *É aquela que diz a você o que fazer, aquela que te escuta e te aconselha, mesmo que ela esteja apodrecida, mesmo que não consiga mais nem respirar, aquela que, se for preciso, fala na cara, que xinga todo mundo por você, que deixa de dormir, que de todas as formas só quer o seu bem, só quer sua proteção. Que não esquece de você nunca, mesmo que não sejam mais amigas.*
>
> (Camila Schlindwein)

No capítulo anterior falei sobre amizades, mas falar sobre a Sílvia é muito mais, é falar sobre alguém que está sempre comigo em todos os momentos difíceis. Conheci a Sílvia há muitos anos, ela era criança, ela viajou, foi morar com os tios em Timon, e já retornou adulta. Passamos a ser colegas de profissão, trabalhamos em escolas diferentes.

Mas se existe uma pessoa que admiro, essa é a minha amiga, ela é puro amor, faz qualquer coisa para ajudar aqueles que ama. Sua família sabe o quanto ela é importante, o bem-estar familiar de seus familiares é a sua prioridade, é uma boa filha, cuidou com muito carinho de seus pais, seus irmãos sabem o quanto ela é preciosa, não mede esforços para ajudar, seus sobrinhos são os seus preferidos, faz qualquer coisa para ajudar.

Nos conhecemos de verdade em 2012, pois quando se convive com alguém mais de um mês é que passamos a conhecer essa pessoa. Nesse ano, ao realizar minha matrícula para o mestrado em Portugal, ela me procurou, pediu para me acompanhar para realizar seu sonho de conhecer a Europa, aceitei na hora, estava inquieta, não tinha coragem de viajar sozinha, e "juntou-se a fome com a vontade de comer", ela me ajudaria e eu também poderia ajudá-la. Assim, fizemos nossas matrículas, solicitamos nossos passaportes, tomamos nossas vacinas, compramos nossas passagens. Tudo isso num período de outubro a dezembro de 2012. Agora era aguardar ansiosamente nossa ida, e no dia 24 de junho de 2013, viajamos de São Luís para Fortaleza e de lá para Porto.

A viagem foi demorada, em Lisboa encontramos os funcionários do aeroporto em greve, os voos eram poucos e assim passamos o dia inteiro aguardando. Somente às 18 horas é que conseguimos um voo, ao chegarmos a Porto nossas bagagens haviam se extraviado. Ainda bem que tínhamos levado uma mochila com algumas peças de roupa e higiene.

O que posso falar sobre a Sílvia? Ela é perfeita? Claro que não, não existe perfeição entre os seres humanos, nós brigamos? Sim, nós brigamos. Concordamos com tudo? Também não, cada uma de nós somos diferentes e pensamos diferente. Acho que é justamente por isso que nos amamos e nos respeitamos, conhecemos as limitações de cada uma, sabemos até onde ir, respeitamos nossas diferenças.

E assim, nestes dez anos, quando não viajamos somente em 2021, devido à pandemia, e surgiu uma belíssima amizade. O que a Sílvia significa na minha vida? Muito, ela fez parte desse processo de transição da Maria José Quaresma para a Mazé. Nesses dez anos de viagens nós estreitamos nossos laços de amizade e o respeito uma pela outra aumentou.

A Sílvia não é só minha melhor amiga, ela cuida de mim como se fosse minha filha, respeita meus limites, às vezes parece que é a minha mãe, briga comigo como se eu fosse uma menina, mas é quando quero extrapolar. Quando saio e não me comunico, se ela acha que algo vai me fazer mal ela em enfrenta.

Nesses relatos percebemos que existe muito carinho e respeito entre nós, sempre está comigo nas cirurgias, com ela consigo dar boas risada, por mais triste ou depressiva que esteja. Não consigo falar muito de alguém importante para mim, é difícil, vou concluir agradecendo a Deus por ter colocado a Sílvia em meu caminho, por meio dela eu consegui realizar muitos desejos, sem ela eu não teria viajado depois da descoberta dos aneurismas, não deixei de viver do jeito que gosto graças à sua amizade, ao seu cuidado. Obrigada, minha amiga!

Capítulo 17

MEDO! INSEGURANÇA! ANGÚSTIA!

Neste momento desafiador da vida,
O medo e a insegurança dominam minha mente,
Mas encontro forças em Cristo, aquele que nunca desiste,
Ele está ao meu lado, jamais me abandona, lembrarei disso sempre.

Aneurisma rima com carisma, uma ironia poética,
Pequenos montinhos no cérebro causando apreensão,
Mas minha determinação nunca será abalada,
A sede de viver sempre presente em meu coração.

Viver o presente intensamente, sabendo que o amanhã,
Está nas mãos divinas, pertence a Deus, confio e tenho fé,
Enfrento esse desafio com coragem e alegria,
Para que possa superá-lo com o apoio que me rodeia.

Um procedimento cirúrgico de aneurisma aos 68 anos?
Não é fácil, mas minha confiança nunca se apaga,
Peço coragem ao Senhor Jesus, ele me dará forças,
Para enfrentar mais uma vez esse desafio, sem fraquejar.

Peço a sabedoria divina e o conforto necessário
Para minha família e amigos, que estão preocupados,
Deus está ao nosso lado, ouvindo nossas preces,

Para encarar com valentia esses aneurismas, e minha saúde seja fortalecida

Neste poema, encontramos a voz do meu coração,
Expressando minha jornada, meus sentimentos e resiliência,
E juntos, vamos enfrentar essa batalha com esperança e paciência.

Procedimento? Cirurgia? Incerteza!

> Bendito seja o Deus e Pai de nosso Senhor Jesus Cristo, Pai das misericórdias e Deus de toda consolação, que nos consola em todas as nossas tribulações, para que, com a consolação que recebemos de Deus, possamos consolar os que estão passando por tribulações.
> (2 Coríntios 1:3-4)

Nessas memórias há uns poemas que não rimam mesmo, este é um deles, mas o desafio está findando, estou conseguindo meu propósito, um texto eu escrevo em duas ou três horas, um poema em uma semana, duas. Eita, coisa difícil.

Alguém que estiver lendo essas memórias pode estar se perguntando e ela tem medo? Sim, eu tenho muito medo, na verdade, a cada cirurgia eu fico mais apavorada, estive pensando seriamente em esperar a morte vir me buscar e não me submeter mais a nenhum procedimento cirúrgico, estou cansada, desanimada, e com medo.

Mas sempre que esses sentimentos vêm a mim, eu peço perdão a Deus, pois muitos gostariam de estar na minha situação, ganhando o suficiente para pagar um bom plano de saúde, pois é ser caríssimo, pois há quatro meses pago $5.183,84, ou seja, 90% do meu salário, é pouco, sabem por quê? É a minha vida, o bem mais precioso. Se não realizasse alguns trabalhos independentes estaria em situação complicada, mas o dom que Deus me deu eu exploro para suprir minhas necessidades. Faço revisões textuais, ajudo nas elaborações de TCC, dissertações e teses de doutoramento, essa grana me ajuda a comprar meus remédios, viajar e pagar o básico para viver.

Essa última cirurgia, a qual imaginei não ser mais necessária, já que em outubro de 2022 ao fazer a Angiografia o Dr. Nagib me disse que o aneurisma estava tão pequeno que dificilmente seria necessário fazer, porém, meu cérebro é um terreno fértil para brotarem esses "bichinhos" que são o terror das pessoas. Em 2016 só tinha três, já realizei cinco procedimentos para colocar Stent, e já tem dois novamente.

Falar em anjo protetor, é o Dr. Nagib, esse médico foi enviado por Deus para me curar, cuida de mim como amiga, sou grata ao seu cuidado e carinho sempre demonstrado.

Os dias que antecedem um procedimento cirúrgico desses são angustiantes, dormir só a base de remédio, se manifestar meus pensamentos mórbidos deixo meus filhos preocupados e isso eu não desejo, até por terem perdido o pai recentemente, meus amigos me ligam sempre, mas dizem sempre *"você consegue, você é forte"*. Nessas horas não tem gente forte, tem simplesmente seres humanos, cheios de imperfeições e com muitos sentimentos, entre estes o medo, a angustia, a revolta, o egoísmo, sim, sou egoísta, eu não queria estar com este problema, queria estar saudável, e vivendo do jeito que gosto.

Estou reclamando da vida? Sim, não sou santa, tenho muitos defeitos, sou desorganizada, às vezes preguiçosa, polêmica, não levo desafora pra casa. Mas tenho muitas qualidades também, sou uma educadora por amor, não seria tão realizada se não tivesse essa profissão, saber que contribuo no desenvolvimento educacional, pessoal e econômico das pessoas me enche de orgulho. Não tenho inveja da riqueza ou do *status* social das pessoas, na verdade, felicidade para mim, é estar na minha casa onde tenho tudo o que necessito, poder viajar, estar rodeada de quem amo. Não tenho ambições? Sim, tenho muitas, ficar boa, fazer meu pós-doutorado, conhecer alguns países e principalmente o meu país.

Voltando ao tema dos aneurismas, já que estou concluindo este livreto, a parte I de *Um Pouquinho de Mazé*, estou temendo não continuar, tenho muita coisa escrita e desejo terminar, mas se tiver chegado a hora, seja feita a vontade de Deus.

Mas vou sob protesto, mesmo com minhas limitações de mobilidade ainda tenho muito a viver. Entretanto, aprendi que só temos uma certeza na vida, é a "morte", esta virá para todos, independentemente da classe social, religião ou etnia, nessa hora somos iguais.

Capítulo 18

SENTIMENTOS E EMOÇÕES

No mundo dos sentimentos, tão profundo e vasto,
O amor brilha forte, o mais poderoso encanto.
Ele invade corações, mente e alma em sintonia,
Elevando-nos a alturas de pura alegria.

Sentimentos e emoções, entrelaçados estão,
Confundindo-nos na dança que a vida nos dá.
Alegria e tristeza, empatia e raiva se entrelaçam,
Surpresas nos fascinam, num jogo de contrastes que se abraçam.

O que difere o sentimento da reação imediata,
É a cognição, percepção e avaliação que manda.
O sentimento é o abraço da razão com a paixão,
Enquanto a emoção surge, instantânea, sem cogitação.

Nesta jornada da vida, um mosaico de cores e tons,
Sentimentos e emoções se mesclam em canções.
Distinguindo-os é difícil, mas juntos formam a essência,
Da nossa humanidade, da nossa existência.

E entre todos esses sentimentos que habitam o ser,
O amor se destaca, pronto para florescer.
Deixe que ele envolva seu coração e sua mente,
Deixe que suas emoções positivas sejam correntes.

Alegria, empatia, solidariedade e compaixão,
São as chaves para contagiar nosso mundo com a emoção.
Deixe de lado a tristeza, o ódio e o desprezo,
Cultive os bons sentimentos, faça deles seu apreço.

Pois somos seres únicos, feitos à imagem e semelhança,
Do Criador do Universo, um amor que não se cansa.
E ao cultivar o amor, a alegria e a empatia,
Tornamos nossa vida melhor, em harmonia.

Que os sentimentos nos guiem nessa caminhada,
Que as emoções positivas sejam nossa eterna morada.
E assim, no universo de sentimentos tão semelhantes,
Encontremos o amor, a chave para sermos abundantes.

GRATIDÃO

A gratidão é a maior medida do caráter de uma pessoa. Uma pessoa grata é uma pessoa fiel, não te abandona, está sempre contigo. Nela você sempre pode confiar.
(Augusto Branco)

Vou finalizar estes escritos com este poema, é sobre gratidão pela vida, pelos amigos, por ter um trabalho, uma casa, fazer o que gosto, ter filhos, noras, netos, irmãos e sobrinhos que amo e amam também, ter amigos sinceros, tudo isso é minha maior riqueza.

Gratidão a Deus por ter me dado mais um tempo aqui neste plano, pois acredito que temos uma missão a cumprir, que eu o Ribamar não nos encontramos por acaso, que o Nonatinho, o Neto, Walber e Allan não são meus filhos por acaso. Todos temos algo a cumprir, e acho que minha tarefa vai se estender mais um pouco, porém, sempre há, deixo que se cumpra o certo, o que tiver de ser será.

No poema se fala da gratidão, da alegria de viver o presente, da empatia, e estou sempre tentando fazer isso. Não é fácil, mas, como falado anteriormente, o fácil nem sempre é o melhor.

Nestas memórias peguei "leve", não quis escandalizar meus filhos, alguns acham que sou santa, e sou uma pessoa que erra muito, que ama, que briga, tem preguiça, é desorganizada, acima de tudo, sou mulher com M maiúsculo, para os filhos as mães são santas, mas eu não sou, nunca fui e nunca serei. Espero ter outra oportunidade de poder trazer outros detalhes mais picantes, falar também sobre pessoas muito importantes que conheci e não foi possível escrever agora, falar do trabalho que venho desenvolvendo nestes últimos anos, o qual tenho o maior carinho.

Desejo falar de tudo, de bobagens para muitos, mas que são importantes para mim, do ato de estudar, de tentar ser consciente, de batalhar pela vida, de ter ambição em viver bem, essa ambição se refere a viver feliz, não a acumular riquezas materiais, essa sou euzinha, do meu jeito, se não mudei antes agora acho impossível.

CONCLUSÃO

Na conclusão deste livro, finalizo com poesia,
Cada palavra e conteúdo são de minha autoria.
Exceto pelas epígrafes, de citação justa,
Pesquisadas no site do "Pensador", sem medida injusta.

Já publiquei dois livros, com pouco interesse,
Mas acredito que este será lido, em destaque e interesse.
Pois fala de passagens da minha vida, realidade viva,
E o ser humano sempre busca detalhes da vida alheia.

Sou polêmica e desafiadora, essa é minha essência,
Não permitirei que hipócritas silenciem a minha existência.
Meus filhos, netos e amigos me amam como sou,
E isso já me basta, é o que me mantém em pé, me dá valor.

Não é fácil escrever sobre minha própria pessoa,
Sentimentos, emoções, fatos da minha trajetória.
Mas farei isso sem constranger quem me rodeia,
Enfrentando o desafio que me propus, com ousadia.

Espero ter a chance de escrever a segunda parte,
Um Pouquinho de Mazé II, com coragem e arte.
Foram três anos de esforço para organizar esses textos,
Tentando dar forma a uma poetisa dentro de mim, sem pretextos.

Posso até imaginar algumas pessoas a questionar,
Como uma professora doutora consegue assim se expressar?
Mas sempre fiz o que amo, sem me importar com rejeição,
O importante é que coloquei em prática esse desafio, com dedicação.

Nesta poesia de conclusão, misturada com autobiografia,
Posso retirar ou acrescentar expressões, ajustar a sintonia.
Mas ela deve carregar as minhas características verdadeiras,
Sendo a voz autêntica que representa minhas vivências inteiras.

CONSIDERAÇÕES

Todo o conteúdo deste livro é de minha autoria, somente algumas citações como epígrafes no início de cada capítulo que eu pesquisei no site do "Pensador", na internet. Sou uma pessoa que gosta de ler textos que me façam refletir, então para cada capítulo ou tópico acrescentei um pensamento, alguns são de minha autoria, sou pretenciosa, sei disso, não precisa que alguém me diga.

Há um ditado em que diz o seguinte: "Santo de casa não faz milagre", pois é, já publiquei dois livros, mas nunca fui interrogada por alguém, uma autoridade me pediu para falar sobre os conteúdos escritos, e o melhor é que estes livros falam sobre o nosso município, sobre as nossas experiências como educadores, sobre a UAB, nossa maior conquista educacional, mas sempre tem. Se fosse uma pessoa de fora, com causos sobre fofocas, ou mesmo uma pessoa jovem esse seria homenageado, fariam até uma linda solenidade para festejar esses feitos.

Por incrível que pareça, este livro sei que será lido, são as ironias da vida, é uma linguagem muito técnica, fala sobre educação, a quem interessa este tópico? Ahhh! Aos professores! Mas nem estes procuraram saber, mais uma vez estou sendo polêmica.

Mas sempre fui, essa é minha característica principal, nunca me preocupei com a opinião de gente hipócrita, se existe uma coisa nesta vida a qual eu dou valor são aos meus princípios éticos, minha consciência e só dou satisfação dos meus atos aos meus filhos e netos e meus amigos gostam de mim como sou, graças a Deus!

Se tudo correr bem, ainda tenho muito a contar. Já tenho um cordel, que é um resumo da vida da Maria José e a Mazé. Vou deixar para o próximo, se Deus me permitir.

Não foi fácil escrever sobre mim, corrijo uma tese de 300 páginas em uma semana, este livro de menos de 100 páginas estou há três anos escrevendo. Hahhh! Sei que vão criticar a forma como está escrito, parece até que estou ouvindo: "É uma doutora!" Como se fosse fácil a gente escrever sobre a gente mesmo, aqui são meus sentimentos, minhas emoções, minha vida e de minha família, não posso expor as pessoas que fazem parte da minha vida.

Um abraço a quem ler minhas memórias, esta é a Mazé, a outra não teria coragem de se expor.